KB203940

태초에 여백이 있었다

태ᄎᄋ-ᅦ

ᄋ=ㅣㅂㅓᄋㅣ

ᄋㅣᄋ-ㅣ다
ㅆㅆ

홍순관

새물결플러스

목차

• 나무 •

·

1부

맑은 맑음을
싫고
흐리는
나쁜 맑음을 믿다
나쁜 나쁨을
맑음은 저희 마음을

ㅅ
ㅁ

사랑은
새삶을
잇는
내 삶을
한다

숨

내 숨을 쉬는 것이 평화입니다.

꽃은 꽃 숨을

꽃은 꽃 숨을 쉬고
나무는 나무 숨을 쉽니다.

아침은 아침 숨을 쉬고
저녁은 저녁 숨을 쉽니다.

하나님은 침묵의 숨을 쉬고
바람은 지나가는 숨을 쉽니다.

나는 내 숨을 쉽니다.

내 길을 걷는 것이

그러니까 그것이 창조주의 기운이 물 위에 감돌
때인데,
아마 하나님은 물 위를 서성이시며 여러 표정으
로 얼굴도 비추어보고 재미난 구상을 하셨을 테지
요. 세상을 만들 궁리 말입니다. 태초와 영원을 단
번에 잇는 스케일이 아니라면 이 장면을 상상하긴
어려울 테지요. '신나는 숨'이 시작됩니다.

어둠 속에 한 줄기 빛이라는 외로운 숨으로 창조
는 시작됩니다. 그 빛은 어둠을 뚫고 나왔지만 세
상에 얼굴을 내밀었을 땐 정작 혼자였습니다. 그
외로움이 어두운 세상을 비춥니다.
땅은 땅의 숨을, 물은 물의 숨을 쉬게 되었습니다.
아침은 시작의 숨을, 저녁은 고요한 쉼의 숨을 쉽

니다. 제 숨을 쉰다는 것은 어쩌면 외로운 것인지도 모릅니다. 제 숨을 쉬려면 주어진 길을 한눈팔지 않고 걸어야 하기 때문입니다.

사람은 그분의 생기를 받고 비로소 숨을 쉬게 되었지요. 산 것은 모두 제 숨을 쉬게 되었습니다. '제 숨'을 쉬고 사는 삶이 시작되었습니다.
새들은 창공에 길을 열고, 냇물은 물고기에게 길을 내어주며, 들판은 낮은 풀과 작은 꽃들에게 그 자리를 내어줍니다. 그러면 들꽃은 들판을 숨 쉬게 하고 나무는 산을 숨 쉬게 합니다. 이렇게 작고 낮은 숨들이 세상 전체를 숨 쉬게 하지요. 내 숨을 쉬어야 다른 생명도 제 숨을 쉬게 됩니다. 내 길을 걷는 것이 남의 길을 내어주는 것입니다.

창조의 세상은 저마다 주어진 '숨'으로 시작하였습니다.

제 숨

'나는 숨을 쉰다. 어쩔 줄 몰라, 어느 땐 눈을 뜬 채, 또 어느 땐 눈을 감은 채. 이보다 더 아름다운 것이 있을까. 이 세상 어느 음식도, 어떤 향긋한 술도, 그리고 여인의 입술마저도, 꽃내음과 싱그러움에 듬뿍 젖은 이 공기보다 더 감미로울 수는 없다.'

알렉산드르 솔제니친Aleksandr Solzhenitsyn의 글, '숨'의 일부입니다. 정치와 옥에 갇혔던 사람의 숨은 이토록 절절합니다. 탄압과 억누름에 빼앗긴 자유로 '숨'을 제대로 쉬지 못했을 테니까요. 깊고 여유로운 숨은 인생의 리듬을 되찾는 길입니다. 그보다 더한 생의 위로는 없을 겁니다.

제 숨을 쉬지 못하면 살아도 산 것이 아닙니다. 군

정과 독재가 계속되면 백성들은 제 숨을 쉬지 못합니다. 백성이 제 숨을 쉬지 못하니 그 나라는 썩어 갑니다. 종교도 교리와 제도에 억눌리게 되면 제 숨을 잃게 됩니다.

어른 때문에 아이가, 학교 때문에 학생이, 남자 때문에 여자가, 정부 때문에 백성이, 강대국 때문에 약소국이 제 숨을 쉬지 못한다면 평화는 깨진 것입니다. 다른 숨을 빼앗는 것은 평화가 아닙니다. 제 숨을 쉬도록 만드는 것이 평화입니다.

숨을 쉬지 못하면 죽습니다. 그러니 '숨'이 음식보다도, 술보다도, 여인의 입술보다도 더 감미롭다는 말은 조금도 거짓이 아닙니다. 그러나 그냥 숨이 아니라 '제 숨'을 쉬어야 '제 삶'이 됩니다.

그냥 놔둬야

흐르는 강물을 막는 것은 강물의 숨을 막는 것입
니다.
꿈꾸는 아이의 생각을 막는 것은 아이의 숨을 막
는 것입니다.
흐른다는 것은 자연스러운 일입니다. 스스로 흐르
도록 되어있는 창조의 세계에 인간은 문명으로 막
는 일을 합니다. 오늘날 인간의 죄는 자연을 거스
르고 하나님의 창조를 거스르는 지경에 이르렀습
니다.

그냥 놔둬야 합니다. 그냥 흐르게 해야 합니다.
강물은 강물의 숨을 쉬어야 합니다.
그냥 놔둬야 합니다. 그냥 꿈꾸게 해야 합니다.
아이는 아이의 숨을 쉬어야 합니다.

스러지다

꽃이 고개를 숙이면 "꽃이 지다"라고 말합니다. 해가 서산을 넘을 때에도 "해가 지다"라고 합니다. 그리고 사람이 죽었을 때 우리는 '숨지다'라고 말합니다.

숨에게 지면 죽은 겁니다. 그렇다고 숨을 놓고 이기고 지는 승부의 세계를 펼치는 것도 우스운 일입니다. 왜냐하면 숨은 절로 주어진 것이요, 무엇을 해서 얻어내는 것이 아니기 때문입니다. 그래서 숨에게 진 것은 '이기고 지다' 할 때 '진 것'을 말하는 것보다는 '스러지다'라고 말할 때처럼 '때가 되어 사라진다'라는 뜻이 좋다고 봅니다. 이 땅에서의 제 숨을 다 쉬었다는 것이지요. 스러지는 이슬이 땅으로 스며들듯 이 세상에서 쉬던 숨을 거두고 다른 곳으로 건너가는 겁니다.

꽃이 지듯 고개를 숙이고, 해가 지듯 노을을 빛내면서 은은하게 홀연히 숨진다면 더없이 아름답겠지요.

연민의 숨

짐승의 먹이통에서, 예수는 이 세상에서의 첫 숨을
쉬었습니다. 거룩한 숨의 시작은 외롭고 딱했으나
아득한 별이 그 숨을 들었고, 동방박사들은 그 숨
을 알아차렸습니다. 외로울수록 숨은 선명하고 열
악할수록 숨은 절실합니다.

광야의 사십일도 그의 숨을 건드리지는 못했습
니다. 달콤한 유혹도 그의 숨을 빼앗지는 못했습
니다. 그분은 제 숨으로 견디며 제 숨을 유지했습
니다. 그 깊고 단호한 숨은 세상을 구원합니다.

나무 위에 달리신 예수의 숨은 부활처럼 아름답습
니다. 견디기 어려운 극한 상황 속에서도 구원의
숨은 멈추지 않았습니다. 서른세 살의 청년은 분

노의 숨을 넘어 평화의 숨을 쉬었습니다. 저들이 알지 못해 그렇다고, 불쌍히 여기며 연민의 숨을 그치지 않았습니다. 그의 첫 숨도 아팠고 마지막 숨도 아팠습니다.

마지막 숨까지 그분은 세상과 사람을 사랑하였습니다.

숨으로 쉰다

'숨 쉰다'는 것은, '숨으로' '쉰다'는 말인지도 모릅니다. '숨 쉬는 것'이 '쉬는 것'이라는 말이지요. 숨 쉴 겨를도 없고, 숨 쉴 틈도 없다는 숨 가쁜 현대사회의 속도를 헤아려본다면 크게 틀리지도 않은 말입니다.

숨을 쉬며 쉴 수 있다는 것은 얼마나 평화로운 건가요.
새삼 숨이 고맙습니다.

심심한 자유

여기저기서 아무렇게나 피어나는 무명초들은 자
유의 숨을 쉽니다. 바람이 지나가면 바람이 되어
춤을 춥니다. 바람과 하나가 되니 춤이 됩니다. 저
싱겁고 심심한 숨이 세상을 춤추게 합니다. 자유
의 숨이 자유의 춤을 만듭니다.

숨은 싱겁고 심심한 자유입니다.

티베트 숨쉬기

세상의 나쁜 것을 다 들이마시고 맑고 착한 것으로 내뱉는 숨쉬기가 있습니다. 티베트의 숨쉬기입니다. 거룩한 숨쉬기요, 창조의 숨쉬기입니다.

예수는 세상 죄를 다 들이마시고 구원이라는 숨을 내주셨습니다.

억울하고 아픈 숨을 다 들이마시고 따뜻하고 아름다운 것으로 뱉어낼 수 있다면 얼마나 좋을까요. 이처럼 어른스러운 들숨 날숨은 없을 겁니다.

교회가 이웃의 힘든 숨을 다 들이마시고 평화의 숨을 아낌없이 내준다면 더없이 아름답겠지요. 그냥 숨 쉬듯 말입니다.

우정의 숨

우주가 숨을 쉽니다.
지구가 숨을 쉬도록 우주가 숨을 쉽니다.
별이 달이 해가 숨을 쉬도록 우주는 숨을 쉽니다.

우주의 우정이 지구를 숨 쉬게 합니다.

그냥 주어진

이보다 간절하고 절박한 것은 없지만, 숨은 흔하여
그 고마움을 모릅니다.
그리하여 이 세상에 가장 아름다운 것은 '그냥' 주
어진 겁니다. 숨, 아침, 바람, 봄 같은 겁니다.

고운 숨만 쉬어도 지구가 춤을 추지요

맑은 숨만 쉬어도 우주가 춤을 추지요

예쁜 숨만 쉬어도 거룩한 춤이 되지요

고운 숨만 쉬어도 우리가 춤을 추지요

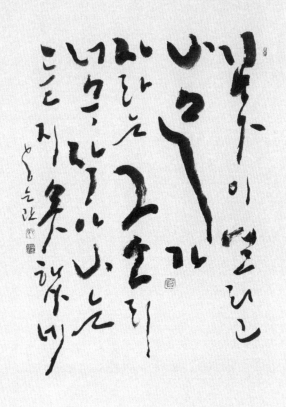

소리

꽃이 열리고 나무가 자라는 소리
너무 작아 듣지 못했습니다.

소리로

"…있으라!"

하셔서 세상이 생겨났으니 이 세상은 '소리'로 생
겨났고 '소리'로 시작되었네요.

그 소리를 잘 들어야 잘 살겠네요.

곁에서 들리는 소리부터 잘 들리지 않는 소리까지
말이지요.

그분의 발자국 소리

뭇 인생 한가운데로, 역사의 한복판으로, 말없이 걸어가시는 그분의 발자국 소리를 듣습니다.

신자의 자세로, 제자의 몸가짐으로 그분을 따라 걸어봅니다. 물 위로, 광야로, 군중 속으로. 꽤 멀리 걸어왔는데도 그분은 또다시 말없이 뚜벅뚜벅 걸어가십니다. 끝끝내, 광야의 사십일을 지나 아픈 역사 속으로, 이방인의 울음 속으로 걸어 들어가시는 그분의 발자국 소리가 들려옵니다.

그것은 거침없고 격 없는 발자국 소리입니다. 물 위를 걸어도 부드럽고, 광야를 걸어도 당당한 걸음입니다. 투박하면서도 자상합니다. 걸음걸음 고뇌에 찬 고운 숨소리입니다. 아프도록 아름다운 발자국 소리입니다.

이웃 소리

잠언에 있는 말씀입니다. '귀를 막아 가난한 사람의 부르짖는 소리를 듣지 아니하면 네가 부르짖을 때 아무도 듣지 않고 대답하지도 않을 것이다.'

이웃의 소리를 듣지 못한다면 정작 자신의 소리도 듣지 못합니다. 이웃이 누구입니까. 시간과 시간이요, 역사와 역사입니다. 인간과 인간이요, 민족과 민족입니다. 인간과 자연이요, 문명과 내일입니다. 먼 아프리카도 이웃이요, 가까운 북한도 이웃입니다. 나와 나요, 나와 너입니다. 이웃과의 관계가 끊어지는 것이 성서가 말씀하시는 죄의 본질입니다.

이웃이 부르짖는 소리가 들려옵니다. 그리하여 하나님도 비로소 우리들의 기도를 들으십니다.

종교가 진리에 귀를 닫고, 정치가 백성의 소리에 귀를 틀어막고, 강대국이 약소국가의 한숨에 귀를 막는다면 이 세상은 종말을 향해 치닫게 됩니다. 인간의 어리석은 문명을 향해 자연이 탄식하는 소리도 들어야 합니다. 그것이 창조의 소리를 듣는 길입니다.

준엄한 역사가 들려주는 소리에, 예시의 지혜와 묵시의 소리에 귀 기울여야 합니다. 귀를 닫는 것은 마음을 닫은 까닭이요, 들리지 않는 것이 아니라 듣지 않으려는 무관심이 그 이유입니다.

이웃의 소리를 듣는 것이 그분의 침묵을 듣는 것입니다.

소리편지

영화 '일 포스티노' Il Postino는 시인이 된 우편배달부 마리오의 이야기입니다.

20세기 최고의 로맨틱 시인 파블로 네루다Pablo Neruda는 고국 칠레에서 추방당해 떠돌다가 이탈리아 나폴리 근처의 어느 작은 섬에 머물게 됩니다. 세계 각지에서 보내오는 팬레터 때문에 작은 섬에서는 필요 없던 우편배달부를 뽑게 되지요. '네루다', 단 한 사람을 위한 우편배달부가 된 마리오는 시인을 통해 메타포(은유)metaphor에 눈뜨게 됩니다.

마리오는 네루다가 가르쳐준 메타포의 표현을 써먹으며, 단 십 분 만에 반한 여인 베아트리체 루소와 낫고 싶지 않은 사랑에 빠지게 됩니다. 네루다는 칠레로 돌아가고, 시간은 흐릅니다. 네루다가 다시 그 섬을 찾아온 때는 마리오가 세상을 떠난 후였습니다.

온 세상을 메타포로 보게 된 고마움과, 미소가 나비처럼 펼쳐지는 여인, 흰 바다처럼 신비한 여인 루소와 사랑에 빠진 고마움이 더해져 마리오는 죽기 전, 네루다가 놓고 간 녹음기를 들고 섬 곳곳을 다니며 어떤 '소리들'을 담아놓았습니다. 마리오가 네루다에게 마지막으로 배달한 우편은 '소리'였습니다.

칼라 디 소토의 파도 소리, 절벽을 쓰다듬는 바람 소리, 풀잎을 스치는 바람 소리, 아버지의 슬픈 그물 소리, 성당의 종소리, 섬 위의 별빛 소리, 아내 뱃속의 태아 심장 고동 소리⋯.

이 '소리편지'는 사회주의자가 된 마리오의 감성 어린 선물이자 시 같은 유언이요, 세상에 남긴 메타포였습니다. 노벨 문학상을 수상한 당대 최고의 시인 네루다는 순박한 섬 청년 마리오에게서 아니, 잊고 있었던 한 제자에게서 '무심코 세상을 지나가는 소리'들을 배우게 된 셈입니다.

'아카데미'는 이 소리를 끝내 듣지 못하고, 잉그마르 베르히만Ingmar Bergman의 '외침과 속삭임' 이후, 22년 만에 올라온 외국 영화에게 '작품상'을 주지 않았습니다. 자본주의가 외면한 '소리'였습니다.

그러나 이 영화를 본 사람들은 마리오가 남긴 소리를 통해 내 곁에 살고, 내 곁을 지나가는 모든 소리들을 잘 듣게 되었습니다.

소리의 뼈[*]

나이 서른에 요절한 시인 기형도는 '소리의 뼈'라
는 시를 썼습니다.

김 교수가 '소리에도 뼈가 있다'는 학설을 발표하
고 강의를 개설했다. 몇몇 학자들은 김 교수의 유
머에 감사했고 호기심 많은 학생들이 장난삼아 신
청했다. 그러나 김 교수가 한 학기 수업 내내 침묵
하는 무서운 고집을 보여주자 각자 일가견을 피력
했다. '소리의 뼈란 무엇일까?' 그것은 '침묵'이라
고 했다. '숨은 의미'라고 보는 이도 있었다. '그것
의 개념은 중요하지 않다'라고도 했다. '모든 고정
관념에 대한 비판에 접근하기 위하여 채택된 방법

* 기형도의 시 제목 '소리의 뼈'

론적 비유'라고 한 이의 견해는 너무 난해하여 묵
살되기도 했다. 그러나 어쨌든 그다음 학기부터 그
들의 '귀'는 '모든 소리'들을 더 잘 듣게 되었다. ('소
리의 뼈'를 풀어쓴 글)

'말에 뼈가 있다'라는 말을 합니다. 말 속에 문제를
짚는 핵심이 있고, 은유와 해학으로 빗대는 뜻이
있다는 말입니다. 시인은 소리에 뼈가 있음을 시
어를 빌려 말합니다. 더 잘 듣는 '귀'를 바라는 마
음이 있었을 테지요. 귀를 막고 듣지 않는 시대에
애달픈 마음이 있었을 테지요. 자연과 세상, 이웃
과 사회, 역사와 현실에 '귀'를 열어 눈뜨라고 말하
고 싶었겠지요.

단 한 권 시집을 남긴 기형도 시인의 '시작詩作 메
모'를 다시 들여다봅니다.

　　나는 한동안 무책임한 자연의 비유를 경계하느라
　　거리에서 시를 만들었다. 거리의 상상력은 고통
　　이었고 나는 그 고통을 사랑하였다. 그러나 가장

위대한 잠언이 자연 속에 있음을 지금도 나는 믿는다. ('시작 메모' 일부)

시인은 자연의 소리에 경외감과 믿음을 드러냅니다. 인간은 자연의 소리를 들을 때 비로소 살아가는 이치를 깨닫게 된다는 말이겠지요.

소리 기행

새벽종 소리, 봄이 오는 소리, 선거 유세 소리, 시위 소리, 구급차 소리, 기차 소리, 우는 소리, 웃는 소리, 사진기 소리, 전화 소리, 타자기 소리, 새 소리, 벌레 소리, 개구리 소리, 개 짖는 소리, 눈 밟는 소리, 비 오는 소리, 시계 소리, 모닥불 소리, 노는 아이들 소리, 할머니 자장가 소리, 엄마 일하는 소리, 아버지 기침 소리, 두부 장사 소리, 시장 소리, 파도 소리, 시냇물 소리, 악기 소리, 노래 소리, 공장 소리, 농촌 소리, 도시 소리, 어촌 소리, 강변 소리, 바닷가 소리, 들판 소리, 아침이 오는 소리, 바람 소리, 숨소리…

세상에는 소리가 참 많이 있지요. 소리를 찾아 떠나는 여행도 퍽 흥미롭고 매력적일 겁니다. 아, 그러고 보니 우리 귀에 들리지 않는 소리가 훨씬 더 많습니다. 들리는 소리를 잘 듣다 보면 들리지 않는 소리가 들려올지도 모릅니다. 소리 기행은 들리는 소리를 찾아가는 여행이 아니라, 들리지 않는 소리를 찾아가는 여행이어야 합니다.

'깨어있는 귀'로 '일상의 소리'에서 '우주의 맥박'을 들었으면 좋겠습니다.
잘 듣는 일을 계속한다면, 그분의 침묵은 늘 곁에서 울리겠지요.

대지의 숨소리

어머니의 숨소리를 넘어 생명은 태어나고 잠듭니다. '어머니 대지'는 모든 만물의 숨소리를 냅니다. 모든 생명 소리가 대지의 숨소리입니다. 땅이 숨을 쉬니 생명이 숨을 쉽니다.

대지는 매일 잉태하고 매일 해산합니다. 낳고 기르는 것이 대지의 일상입니다. 소리 없이 가쁜 대지의 숨이 없다면 우리 숨도 없습니다.

자본주의의 숨소리는 음흉하나 자연의 숨소리는 고요합니다. 자본주의의 웃음소리는 천박하나 자연의 미소는 우아합니다. 자본주의의 소음에 다친 귀들은 자칫, 귀를 먹은 신세로 살아야 합니다. 자본에 중독되고 문명에 포위되면 생명이 숨 쉬는 소리들을 듣지 못하게 됩니다. 땅이 숨 쉬는 소리는 점차 들리지 않게 됩니다.

제 아이만 꽃이라고 길러내는 우악스런 소리들은 꽃을 길러내는 흙의 소리에 귀를 닫습니다. 자존감이 아닌 우월감은 곧 열등감입니다. 흙이 있어 싹이 돋고, 땅이 있어 뿌리를 내리고, 대지가 있어 꽃이 핍니다. 꽃이 되기만을 우기는 인생들은 대지의 숨소리를 모르게 됩니다. 하여, 드세고 포악하고 사나운 폭력을 자본으로 포장합니다. 자본의 꽃보다 가식적인 것도 드물 겁니다.

고요한 대지의 숨소리가 들려올 때 비로소 생명을 알게 됩니다.

가장 큰 소리

개미가 지나가는 소리는 듣지 못합니다.
지구가 돌아가는 소리는 듣지 못합니다.
태양이 타들어가는 소리는 듣지 못합니다.
싹이 돋고
꽃이 피고
내일이 오는 소리는 들리지 않습니다.

하나님의 침묵은 들리지 않지만
온 세상이 들을 수 있습니다.
잠잠한 그 말씀은 울리지 않지만
온 인류가 들을 수 있습니다.

이 세상에서 가장 큰 소리는 들리지 않는 소리입니다.

강물의 맑음같이 어떻게 해야 한 바다로

들거랴 살수 있을까. 바다같이 내 맑게

살아온 강물로서 무엇이 받아들일까.

그무지다른 사점을 받아들일수 있는 돈있는

무엇인가.

강물은 흐르기 때문이고 바다는 넓고 깊기 때문이다.

물

물은 이 세상 전체의 색이다.

물은 이 세상 전체의 모양이다.

세상 전에 혼자

그런데 성서를 가만히 들여다보니,
'물'이란 것은 처음부터 '그냥' 있었네요. "있으라!" 말씀도 없으셨는데 있었으니 얼마나 착한 것인가요. 얼마나 착하면 세상 전에 그렇게 혼자 있었을까요. 아마 '외롭다'는 것을 물처럼 아는 존재는 없을 겁니다. 외롭다는 것은 또 얼마나 거룩한 건가요? 무엇이든 시작 전에는 외로움부터니까요.

하나님과 가장 먼저 지냈던 물은 그래서 하나님을 가장 많이 닮았을 테지요. 드러나지 않고 세상 모든 것을 담아내니까요.

강물과 바닷물

강물의 밍밍함이 어떻게 짜디짠 바다로 기꺼이 들어갈까요? 바다 또한 어떻게 싱거운 강물을 그리도 무심히 받아들일까요? 도무지 다른 성질을 받아들일 수 있는 까닭은 무엇일까요?

강물은 '흐르기' 때문이고, 바다는 '넓고 깊기' 때문입니다.

하늘과 이어진

아이들에게 "물은 어디에서 시작될까요?"라고 물었습니다. 어느 아이가 말합니다.
"하늘에서요."
내 생각은 '어느 이름 모를 골짝 샘물에서'였습니다.
"하늘에서 비가 오고 땅에 들어가잖아요."

물은 바다에서 시작되는 것이 아니라, 아무도 모르는 곳에서 흘러온다는 말을 하기 위해서였습니다. 어떤 큰일도 남모르는 곳에서 일어난다는 것을 말하기 위함이었습니다. 그러나
아이가 '하늘'이라고 말하는 순간, 물은 지상에서 천상으로 이어졌습니다. 문제는 물의 '시작'이 아니라, '어떤 곳'이 아니라 '공존'共存이었습니다.

장르 뛰어넘기

물은 모양도 색도 없어 장르 뛰어넘기가 수월합니다.

그 유연함이 경지境地입니다. 컵과 그릇, 우물과 저수지, 냇물과 강물, 호수와 바다 어디에 담겨도 물은 스스로를 변화시키며 완벽하게 적응합니다.

흙탕물이든 맑은 물이든 마다함이 없습니다. 한데 섞여 흐릅니다. 어디까지가 냇물이고, 어디까지가 강물이고, 어디부터가 바다인지 물은 말하지 않습니다. 그냥 흐릅니다.

사람 몸속으로 들어간 물은 모든 세포 속으로 파고듭니다. 그리하여 사람 몸을 구성하는 절대적 요소가 됩니다. 장르 뛰어넘기를 이토록 쉽고 완벽하게 하는 존재는 없을 겁니다.

물의 유머는 단연, '드러나지 않는 절대적 존재감'
입니다.

꽃도 물처럼

물은 표면 위로 하늘과 구름을 담고, 별과 달을 담고, 얼굴과 마음을 담되 제 모양대로 담습니다.

물은,
세상 모든 풍경을 담고 보여줍니다. 저 혼자 담아 그냥 두지 않고 제 얼굴로 모든 풍경을 보여줍니다.
세상 모든 풍경을 담되 제 모습대로 제 생각대로 담습니다. 꽃도 물처럼, 나무도 물처럼, 구름도 물처럼, 새도 물처럼, 산도 물처럼, 하늘도 물처럼, 집도 물처럼, 사람도 물처럼, 얼굴도 물처럼 담아냅니다.
세상 모든 풍경을 그리면서 제 모습을 보여줍니다. 물은 스스로 드러나지 않으면서도 모든 것을 보여줍니다. 제 모습이 없어섭니다. 제 생색이 없어섭니다. 그러나 제 뜻은 있어 모든 풍경을 물처럼 담아냅니다.

바람을 그리는 것은

이 세상에
바람을 그리는 것은 물결밖에 없을 겁니다.

마음을 끄는 물

제 몸속에 감추었던 뭍을 드러내고 거기서는 생명을 자라게 합니다. 물은 만물의 시작입니다. 모든 생명을 길러내는 양분이지요. 물 없이 물질 순환은 없습니다. 모든 생명을 드러내며 저는 땅속으로 스며들어 보이지 않습니다.

무엇보다 마음을 끄는 것은 땅속으로 흐르는 물입니다. 보이지 않게 흐르는 물이 없다면 강도 바다도 마르겠지요. 보이지 않는 존재들의 쉼 없는 흐름이 세상을 숨 쉬게 합니다. 쇠똥구리가 제집을 지을 때, 농부가 새벽을 나설 때, 개미가 먹을 것을 구할 때 그들의 존재를 인식하지 못하지만 이런 보이지 않는 땀들이 세상을 있게 합니다.

얀나이, 에슬리, 나께, 요섹, 네리, 멜기, 멜라니…
신·구약 성서를 모조리 뒤져도 단 한 번 나오는 이
름들입니다. 어떤 족보입니다. 이 이름들을 통해
목수 요셉이 나옵니다. 이 이름들은 마치 땅속으
로 흐르는 물처럼 드러남 없이 이어져 옵니다. 그
끝에서 우리 구주 예수가 피어납니다.[*]

그러나 정작 생각해볼 것은 한 번도 나오지 않는
이름들입니다. 누구도 들어보지 못한, 누구도 알
아주지 않는 이름들입니다. 생각해보면 세상은 그
이름 없는 이름들을 통해 이어져 왔습니다. 땅속
으로 흐르는 물처럼 살았던 무명의 생명들이 세상
을 이어왔습니다.

[*] '예수의 족보' (이현주 글 내용 인용)

큰 낮은 물

물은 낮은 데로 흐릅니다.
조금만 낮은 곳이 있다면 물은 그리로 흐릅니다.
높은 곳으로 가지 않습니다. 순리를 거스르지 않
습니다.

그러고 보니 바다보다 낮은 곳은 없습니다. 바다
엔 무엇이든 흘러 들어갑니다. 낮은 데다가 넓고
크니 모든 흐르는 것들이 마음 놓고 들어갑니다.
흘러오면 흘러오는 대로 마다하지 않고 받아줍
니다. 맑은 물도 흘러가지만 세상 가장 더러운 물
들이 더 많이 흘러 들어갑니다. 바다는 흘러온 모
든 것을 모아놓고 아무 말도 없습니다. 바다는 착
한 물 중에 으뜸입니다. 착한 물 중에 착한 물입
니다. 바다는 큰물입니다. 큰 깊음이고 큰 낮은 물

입니다.

바다는 생명을 감추어 키웁니다. 어떤 날도 어떤 시간도 쉬는 때가 없습니다. 늘 물결이 일고 파도를 일으킵니다. 하여 뭇 생명들이 출렁입니다. 바다는 전체가 큰 생명입니다. 둥근 지구를 감싸고 있어 뭍과 뭍을 속으로 이어주며 큰 이웃을 만듭니다.

고요함도 공포도 바다만 한 것을 찾기가 어렵습니다. 그리하여 하나님의 침묵과 심판을 배웁니다.

길

물은 길을 따라 흘러갑니다.

길이 없으면 가지 않습니다. 다른 데로는 결코 흐르지 않습니다. 길이 없으면 길을 내어서 흐릅니다.

성경에 예수는 스스로 '길'道이라고 했습니다. "나를 따르라" 하신 것은 다름 아닌, '길을 따라 걸으라'는 말입니다.

성경聖經은 거룩할 '성'聖, 길 '경'經자를 씁니다. 성경은 글자 그대로 '거룩한 길'입니다. 성경은 읽는 이에게 '길'을 말합니다. 길을 따라 걸으라, 합니다. 어느 날엔 단조롭고, 어느 날엔 좁고, 또 어느 날엔 험하고, 또 어느 날엔 멀어도 길을 따라 걸으라, 합니다.

성서가 가르치는 길은 넓은 길이 아닙니다. 좋은
길도 아닙니다. 그래서 편한 길이 아닙니다. 예수
가 걸었던 외지고 그늘진 외로운 길입니다.

함께

물은 혼자 가지 않습니다. 함께 갑니다.
구정물이든 탁한 물이든 흐린 물이든 맑은 물이든
물은 한데 어울려 흐릅니다.

전체가 한 걸음 나아가는 것은 얼마나 아름다운
행진인가요. 홀로 앞서는 걸음도 장하지만 전체의
한 걸음은 세상 전체를 바꿉니다. 혼자 피는 꽃도
아름답지만 전체가 피어나면 봄입니다.

물이 함께 흐르는 까닭은 함께 살려는 겁니다. 평
평한 곳에서 함께 살기로 약속했기 때문입니다.
어떤 물은 높은 곳에서, 어떤 물은 낮은 곳에서 사
는 것이 아니라 조금이라도 낮은 곳에 사는 물이
있다면 가서 함께 살기로 한 겁니다. 낮은 곳에 사

는 물이 높은 곳에 가서 사는 법은 없습니다. 어떤 물이든 낮은 물을 찾아 물과 함께 평평하게 삽니다.

예수는 그 물 위를 걸으셨습니다. 예수가 길이니 길을 따라 흐르는 물 위를 함께 가신 겁니다. 함께 간다면 가지 못할 곳이 없습니다. 그리하여 예수가 다다른 곳은 함께 사는 평평한 곳이었습니다. 높은 곳도 낮은 곳도 없는 곳입니다. 평평한 곳이었으니 그곳에서는 좀 쉬셨을 테지요.

스민다

물이 없었다면
'스민다', '스며든다'라는 말을 몰랐을 겁니다.
이처럼 하나가 되는 것도 없을 겁니다.

오늘 하루 산 것으로
이웃과 역사와 내일과 아름답게 스미고 싶습니다.

비로소
물처럼
나에게
비우고
본래의 물처럼

바람

무명초는 바람이나 만들지.

하루 종일

바람 구경

바람을 구경합니다.

바람을 보려면 오래 바라보아야 합니다. 보일 때까지 보는 것이지요.

바람을 볼 수 있다면, 지난 시간도 다가올 내일도 볼 수 있을 겁니다. 오고 가는 것이 바람이니까요.

바람 안에 시간이 보입니다. 그 시간은 나를 키우고 기르고 만들어왔던 시간이기도 합니다. 그 시간은 상상력을 만들고 유연성을 만들고 한가로움을 만듭니다. 갇힌 세상을 여는 상상력. 바람 같은 유연성. 시간을 마주하는 한가로움입니다.

바람을 구경하는 것은 나를 구경하는 것입니다.

유연성

어디에서 어디로 가는지 모르는 것이 바람입니다.
시작과 끝을 모르는 것만 한 유연성은 없습니다.
부딪혀도 막히지 않고, 맞닥뜨려도 당황치 않고,
지나가도 아쉽지 않고, 머물러도 미련이 없습니다.

교회 안에 바람 한 줌 넣어주고 싶습니다. 주머니
에 바람 한 줌 넣고 다닌다면 좋겠습니다. 하와이
에 있는 어느 교회는 벽 전체가 열리게 되어 있었
습니다. 바람이 오고 가고 바깥 온 세상과 통하는
듯 보였습니다. 뭇 교회들은 이웃의 온도를 느끼
고, 그들의 이야기를 들으려면 바람 통하는 문 하
나쯤은 열어놓아야 합니다.
관념에 갇히고, 교리에 주눅 들고, 제도에 눌린 신
자는 마음의 창문 하나 열어놓아야 합니다. 그분

이 들어오실 문 하나는 열어놓아야 합니다.

바람 부는 날, 소맷자락 날리며 먼 길을 걸었으면
좋겠습니다.

모를 만큼 가까이

바람을 본다는 것은 자유를 보는 겁니다.
얼마나 가득한지 보이지 않습니다. 어떤 것을 소
유하고 가져서 자유를 얻는 것이 아니라, 도리어
다 버리고 가벼워지면서 자유를 누리게 됩니다.
온 세상에 가득하면서도 보이지 않으니 이보다 더
한 자유가 없습니다.

깃들지 않는 곳이 없으면서 머물지 않는 것이 바
람입니다. 늘 곁에 있으니 모릅니다. 모를 만큼 가
까이 있습니다. 성령님도 그리 계십니다.

바람이 지나갑니다. 바람은 아무리 가지려고 해도
가지지 못하지요. 그러니 그냥 놔줘야지요. 그러
면 모든 바람이 다 내 것이 됩니다. 나를 지나가지

않는 바람은 없습니다. 이 세상 모든 바람이 나를 지나갑니다. 바람은 세상 전체와 통하고 세상 전체에 있기 때문입니다.

바람은 없는 듯 영원히 머물며 곁에 있습니다.

쉬운 길

인간은 쉬운 길을 좋아하면서도 기어코 쉬운 길로 가지 않습니다. 자연처럼 쉽게 살지 않기 때문입니다.

바람처럼 산다면 쉬울 텐데 인간은 기어코 더 가지려고 합니다. 지구에 철새처럼 왔다가 자본의 비만에 걸리니 날지도 못합니다. 스스로 무게를 쌓아가며 어려워집니다.

쉽다는 것은 다른 술수를 쓰지 않는다는 말입니다. 아이처럼 계산하지 않고 복잡하지 않습니다. 계산을 하니 어렵습니다. 복잡해집니다.

쉽다는 것은 자연처럼 자연스럽다는 말입니다. 자연스러우니 쉽습니다. 그러나 자연스럽다는 것이 얼마나 어려운 건가요. '쉽다'는 경지는 얼마나 높은 건가요.

바람은 쉽습니다. 부는 대로 불기 때문입니다. 자연은 쉽습니다. 스스로 그러하기 때문입니다.

창조세계의 흐름대로 살아야 쉬워집니다. 자연을 거스르고 살면 인간의 삶은 점점 어려워집니다. 자연과 사이좋게 사는 것이 쉽게 사는 길입니다.

바람 그림

떠다니는 구름을 그릴 수는 있으나 구름을 떠다니
게 하는 바람은 어떻게 그릴까요.
구름은 바람 따라 생김새를 만드나 바람은 얼굴이
없습니다. 그러나
꽃샘바람, 산들바람, 실바람, 샛바람, 마파람, 갈바
람, 건들바람, 갯바람, 재넘이바람, 색바람, 박초바
람, 골바람, 돌개바람, 산바람, 강바람, 뭍바람, 들바
람, 된바람, 하늬바람, 높바람, 솔바람, 늦바람, 흙바
람, 남실바람, 내기바람, 왜바람, 황소바람, 칼바람,
궁둥잇바람, 헛바람, 비바람, 눈바람, 고추바람, 살
바람, 봄바람, 소슬바람, 태풍에 이르기까지 바람
은 같은 얼굴이 없습니다. 바람마다 다 다릅니다.

바람을 맞는 나무마다 꽃마다 사람마다 바람을 다

다르게 느낍니다. 설령, 같은 바람이라도 느끼는
것은 다 다릅니다. 시간마다 기분마다 장소마다
상황에 따라 바람은 다 다르게 느껴집니다.

바람을 그린다는 것은 제 마음을 그리는 겁니다.

없이 계신 하나님[*]

드러난 존재는 드러나지 않은 존재의 메타포입
니다. 하나님이라고 불리는 존재는 존재 너머
의 존재인 신의 메타포일 수 있습니다. 하이데거
에 의하면 존재로 하나님을 말할 수 없는 까닭입
니다.

그분은 없이 계십니다. 존재로 가둘 수 없는 분이
하나님입니다. 그래도 우리 곁에 머물다 떠나는
바람이 있어 압니다. 아니 계시면서 그득하신 분
을 압니다. 바람이 없었다면 존재 너머의 존재를
몰랐을 겁니다.

[*] 다석 유영모 선생의 표현

그리하여 신자에게는 보이지도 않고, 잡을 수도 없고, 소유할 수도 없는 '바람'이 가장 큰 유산이요 보물입니다.

부활

발밑으로 툭, 떨어진 나뭇잎은 무거워서 떨어진 것이 아니라 가벼워서 떨어졌습니다. 초록도 붉음도 남김없이 다 버리고, 마르고 말라 가볍디가벼워져 제 몸을 떠난 겁니다. 바람처럼 가벼워진 존재로 이 세상에서 저 세상으로 옮겨갑니다.

나뭇잎 하나 떨어지니 우주의 체계가 바뀝니다. 다시 자라나고 맺고 피고 열리는 시간을 향해 묵묵히 입을 다무는 시간을 갖습니다. 치열한 침묵의 시간들을 지나야 합니다. 드러나는 시간이 있으려면 숨은 시간들이 있어야 합니다. 숨은 시간이 길면 길수록 그 얼굴은 해처럼 빛납니다. 그러나 결국 가벼워지는 순간이 없다면 이런 일은 없습니다.

물과 피를 다 흘리신 예수는 가벼워져 떠났습니다. 온 인류의 죄를 짊어졌지만 가벼웠습니다. 그 무겁고 많은 죄를 사하였기 때문입니다. 얼마나 가벼우면 돌무덤도 그분을 막지 못했을까요.

그분은 바람처럼 가벼워진 존재로 이 세상에서 저 세상으로 넘어갑니다.

어떤 바람

'바람은 보이지 않지만 나무에 불면 녹색바람이 되고 꽃에 불면 꽃바람이 된다'고 노래한 호시노 도미히로의 시는 바람처럼 아름답습니다.

시대의 바람이 지나갑니다. 정직하지 않은 문명의 바람은 아이들에게 '거짓 바람'으로 불고 있습니다. 우리가 바라는 바람이 아니요, 가식과 폭력이 자본으로 포장된 바람으로 불고 있습니다.

우리 앞에 백 년의 바람이 지나갑니다. 일제강점기는 친일의 바람으로, 전쟁은 분단의 바람으로, 독재는 기득권의 바람으로, 자본주의는 불평등의 바람으로 지나갑니다.

교회는 이 아픈 바람을 정면으로 맞아야 합니다. 그리고 교회를 지나가는 바람을 자비와 평화의 바람으로 바꾸어 놓아야 합니다. 억지로 바꾸는 것이 아니라 교회 존재가 평화라면, 그 바람은 절로 평화의 바람이 될 것입니다.

하나님이 사람으로 오신 구원의 바람을, 빈 들을 걸으시는 침묵의 바람을, 없는 이들에게 부는 위로의 바람을, 돌무덤에서 일어난 부활의 바람을 온몸으로 맞습니다. 신자인 까닭입니다.

오늘 나를 지나간 바람은 어떤 바람이 됐을까요.

흔들리는 까치집

폭풍에도 까치집이 끄떡없습니다. 나뭇가지는 태풍에 흔들리고 까치집은 나뭇가지와 함께 흔들립니다. 아무리 바람이 불어도 까치집은 바람과 함께 흔들립니다. 바람과 함께 흔들리니 태풍은 아무것도 아닙니다.

아무리 강력한 성령의 이끄심도 그분과 함께 움직이면 쉽습니다. 쉬워서 쉬운 것이 아니라, 그분과 함께 움직이니 쉽다는 말입니다. 그래서 어쩌면 신자의 길은 쉬운 길인지도 모릅니다. 그러나 쉽다는 것이 얼마나 어려운 것인지는 그 길을 걸어본 사람만이 압니다.

폭풍에 춤을 추는 까치집, 저만한 유머도 드뭅니다.

부채바람

자연으로 부는 바람만 있는 건 아닙니다. 바람은 사람도 만듭니다. 입으로 불어 바람을 만들 수도 있습니다. 손바닥을 흔들면서 바람을 만들기도 합니다. 그중에 으뜸은 부채바람입니다.

사람이 만든 부채는 상상력이 만든 최고의 예술입니다. 사람이 바람을 만들다니요. 셈과 여림도 조절할 수도 있고, 느리고 빠름도 가능합니다. 간편함과 섬세함이 탁월합니다.

자본주의를 넘지 못하는 인류의 상상력에 부채바람을 불어넣고 싶습니다. 문명의 진화를 따라잡을 건 상상력뿐입니다. 가령, 이 부채질 같은.

나무

나무는 문 밖을 나서지 않고
바람과 새와 짐승과 사람의 벗이 됩니다.

그 존재로 노래요 시입니다

나무는 생색을 내지도 않고 바삐 움직이지도 않고
무슨 일을 도모하지도 않습니다. 그 존재만으로
시詩가 되고 노래가 됩니다. 가만히 있어도 속도를
넘어 있고 무엇을 하지 않아도 행함이 넘칩니다.
어느 시인이 나무를 두고 평생을 노래한다 해도
다 못할 겁니다.

나무는 그냥 서있어도 위로가 되고 가만히 있어도
쉼이 됩니다. 언제나 그 자리에 있으니 위로가 됩
니다. 제 몸에서 나온 가지와 잎으로 그늘을 만드
니 쉼이 됩니다. 그 고요함이 어떤 구호보다 강력
하고, 그 침묵이 어떤 기도보다 깊은 듯합니다.

떠드는 교회 담장 안에 나무를 심었으면 좋겠습니다.

시간은 나무처럼 느렸으면 좋겠어

시간은 나무처럼 느렸으면 좋겠습니다.

이 가쁜 문명의 속도 위에 나무를 심었으면 좋겠습니다. 폭력적인 문명의 속도를 멈출 수만 있다면 이 세상은 다시 한번 큰 숨을 쉴 수 있겠지요. 자본은 커질수록 좋다 하고 많을수록 좋다 하고 매일 담을 수 없는 그릇을 빚고 있습니다. 풍요는 호사한 중독을 낳아 일상의 속도를 높이기만 합니다.

도시를 걷는 사람들은 해에게도 달에게도 별에게도 꽃에게도 나무에게도 하루에 단 한 번 말을 걸지 않습니다. 저 잰걸음들에게 느린 시간을 주었으면 좋겠습니다.

나무의 느림은 빠름을 넘어있습니다. 그 속도는
보이지 않는 바람 같습니다. 거기에 시간을 넘어
선 행함이 있습니다.

프로그램에 숨 가쁜 교회는 나무에 기댈 일입
니다. 나무등걸에 앉아 숨을 쉴 일입니다. 그리하
여 느린 시간의 공간을 만들 일입니다. 그제서야
그분은 들어와 숨 쉬고 춤추십니다. 그리고, 하늘
의 이야기를 들려주실 겁니다.

살아 천년, 죽어 천년 간다는 태백의 주목들이, 눈
앞에 사리私利만을 향하는 어리석은 시간들을 굽어
봅니다. 시간은 나무처럼 느렸으면 좋겠습니다.

바람을 먼저 아는

"나무가 춤을 추면 바람이 불고 나무가 잠잠하면 바람도 자오"라고 노래한 동주의 '나무'는 자존감 넘치는 감성으로 가득합니다. 실로 바람보다 빠른 감성입니다. 바람이 오기도 전에 나무는 춤을 추고 바람이 멎기도 전에 나무는 잠을 잡니다. 바람에게 미리 이기고 미리 집니다. 미리 지기 때문에 이기는 것이고 이미 이겼기 때문에 질 수 있습니다. 그리하여 나무는 무심합니다. 무심하기에 바람은 늘 곁에 머물 수 있습니다. 성가신 것도 아니고 의미가 없는 것도 아닙니다. 번거롭지도 않고 새롭지도 않습니다.

나무가 아니라면 바람을 몰랐을 겁니다. 나무는 바람을 제 몸에 지니고 사는 듯합니다. 시작도 끝도 없는 바람을 지니고 사니 그만한 유연함이 어디 있을까요. 소유하지 않으면서 늘 가지고 있으니 더한 넉넉함이 없습니다.

성령은 바람과 같아 곁에 늘 계시면서도 보이지 않습니다. 나무가 바람을 먼저 알 듯 신자는 성령의 길을 압니다. 그 가는 길을 바람처럼 따라갑니다. 나무와 바람처럼 신자는 성령을 품고 삽니다.

움직이지 않는 자유

아, 저 나무. 어떻게 저렇게 오랜 시간 동안 한곳에 머물러 살 수 있을까요. 답답하고 갑갑하여 어찌 그리 할 수 있을까요. 어떡하면 내내 혼자여도 저리 무심히 살 수 있을까요.

나무는 움직이지 않는 자유입니다. 움직이지 않으려면 어떤 것에도 마음을 빼앗기지 않아야 합니다. 제 뜻, 제 길, 제 숨으로 살아야 합니다. 움직이지 않기에 더욱 유연해야지요. 바람처럼 스스로 일렁이는 춤을 춥니다. 제 안에 자유가 생을 춤추게 합니다.

가만히 있어서 자유입니다. 어느 날 찾아올 벗들을 맞으려고 제자리를 떠나지 않습니다. 그러면 멀리서 찾아온 바람과 새와 나그네들이 저 너머 세상 이야기를 들려줍니다. 그리하여 나무는 움직이지 않고 먼 여행을 합니다. 한때의 즐거움을 위해 제 몸의 뿌리를 뽑지 않습니다.

나무는 움직이지 않는 자유로 춤춥니다.

어리석은

과일은 정지된 듯한 여름을 견디고 햇빛과 비바람
찬 서리를 다 맞은 뒤에야 그 빛깔과 맛이 완성됩
니다. 좋은 열매에 다른 지름길은 없습니다.

'기지가급其智可及이나 기우불가급其愚不可及'이라는
말이 있습니다. 꾀는 차라리 흉내 낼 수 있어도 어
리석은 것은 흉내 낼 수 없다는 말입니다. 요령 없
이 어리석음으로 사는 존재 중에 나무만한 것은
없습니다.

구원의 환희보다 이후, 신자의 길다운 묵직한 걸음
이 비할 데 없이 중요합니다. 잰걸음으로는 산을
오르기 어렵습니다. 어리석게 보이는 느린 걸음이
산을 넘습니다.

사계절의 얼굴

나무는 조용히 오고 가는 사계절의 얼굴로 삽니다. 움트고, 익어가고, 물들고, 잠을 자고 다시 태어납니다.

봄이 되어, 낯선 세상 눈부신 여린 눈이 딱딱한 거죽을 뚫고 나오는 힘은 돌 지난 아이가 땅을 딛고 서는 신비와도 같습니다.

여름에, 나무는 아무리 풍성하여도 제 몸에서 벗어나지 않습니다. 다만 제 몸으로 키워낸 나뭇잎으로 조촐한 풍요를 누립니다. 그 소박한 풍요마저 저 혼자 누리지 않고 뭇 생명들에게 그늘을 만들어 줍니다. 나무 그늘에 우쭐함이 없는 것은 가만히 사는 일상으로 만든 것이기 때문입니다. 가만히 있음으로 만든 그늘이기에 어쩌면 나무 자신도 모를 겁니다.

가을이면, 벌써 겨울을 생각합니다. 절정보다는 마감을 향하는 성숙이, 몸에 밴 버릇인 듯합니다. 푸른 잎은 물들며 물든 잎은 또 물과 피를 다 쏟아냅니다. 철저히 가벼워지는 것이지요.

겨울의, 나무는 변치 않는 풍경 같습니다. 변하지 않는다는 것은 얼마나 든든한 건가요. 얼마나 정다운 건가요. 언제나 그 자리에서 나무는 잠을 자는 것처럼 보입니다. 말이 없어섭니다. 겨울나무에서 울리는 침묵은 그래서 아름답고 무겁습니다.

나뭇잎은 떨어져 가깝고도 먼 여행을 떠나 다시 제 몸으로 돌아갑니다. 처음이고 나중인 뿌리가 됩니다. 나무는 죽음과 부활을 스스로 만들며 계절을 삽니다.

이름 없는

나무는 이름 없이 생을 누리는 무명초와 같이 누가 부르지 않으면 제 이름을 말하는 법이 없습니다. 이름이 없다는 것은 얼마나 큰 존재인가요. 스스로 사는 자연은 모두 이름이 없습니다. 다른 생명과 관계를 맺지 않는 것은 아니지만 드러내지 않고 제 길을 걸을 뿐입니다. 다른 생명에게 뭐라고 하는 법도 없습니다. 저가 사는 대로 살 뿐입니다.

큰 존재는 제 이름을 말하지 않습니다.

독립

나무가 자라면 받쳐두었던 버팀대는 떼어놓아야
합니다.

다 자란 덩치 큰 나무들을 버팀대로 그대로 받쳐
놓은 건 이상한 일입니다. 어린나무가 얼마큼 자
라나면 버팀대를 떼어주어야 합니다. 기대어 사는
것에서 독립시켜야 하지요. 시기를 놓치고 늦어질
수록 혼자 서 있기가 어려워집니다. 오랫동안 기
대는 삶에 익숙하면 어른이 되어도 스스로 서지
못합니다.

아이도 풀어놓아야 잘 자랍니다. 놀려주어야 저가
알아서 창조의 세상을 만들지요. 구속과 간섭은
가장 유아적 성장입니다. 교회는 신자들을 꼭 붙
잡고 성도들은 교회를 꼭 붙잡고 가는 것이 옳다

고 믿고 그래야 한다고 생각하지만 그것은 어떤 면에서 매우 위험합니다.

성경 속에 부모를 떠나고, 광야로 나서는 이야기는 괜히 있는 것이 아닙니다. 과정과 목적을 분별해야 합니다. 부모를 떠나라는 것은 부모를 버리라는 것이 아니듯, 교회를 떠나라는 것은 교회를 버리라는 것이 아닙니다. 부모가 길러주었으니 독립하여 제 삶을 살아가듯 교회 안에서 자라났다면 사회와 이웃 속으로 들어가 그분의 뜻으로 살아내야 합니다. 교회 안에서만 머문다면 성장의 보람도, 교육의 결과도, 실천의 사명도 없어집니다.

어린아이가 두 발로 땅을 딛고 일어서는 것은 독립을 상징합니다. 저 스스로 살아가야 한다는 메타포입니다. 뒤로 걷지 않고 앞으로 걷게 되는 인간의 걸음도 진전하는 인생을 말해줍니다.

버팀대를 뗀 나무라야 뿌리가 튼튼해집니다. 나무는 뿌리의 길이만큼 자라납니다.

슬픔

서대문형무소에 미루나무 두 그루가 서 있습니다. 한 그루는 우뚝 서 있고, 한 그루는 키도 작고 볼품 없이 담장 곁에 서 있습니다. 이 두 그루의 나무는 같은 시기에 심기었습니다.

한 그루는 형무소 너른 마당에서 하늘을 보고 자랐고, 다른 한 그루는 사형장 담벼락 안에서 그늘처럼 자랐습니다. 일제에 항거했던 독립투사들과 악독한 독재에 맞섰던 민주열사들을 비롯한 온갖 사연을 지닌 사형수들의 죽음을 묵묵히 지켜보았을 담장 안 나무는 제대로 자라지 못했습니다. 일컫는 바, '통곡의 미루나무'입니다. 생을 마감하는 애통한 마지막 시선을 나무는 말없이 받아줬을 겁니다. 그 아픔들을 꾸역꾸역 삼키고 채 넘기기도 전, 또 다른 눈물들 지켜보며 질곡의 역사와 사형

수들의 깊은 한恨이 곧 제 몸이 되었을 겁니다. 생사를 넘어간 그 애가哀歌들은 켜켜이 쌓여 신산辛酸의 나이테가 되었습니다.

나무는 슬픔을 압니다. 연민의 나이는 직선이 아닙니다. 슬픔은 도리어 둥근 나이를 만듭니다. 나무가 웃을 수도 있겠지만 나무의 본질은 슬픔입니다. 세상의 나쁜 공기를 들이마시고 좋은 것으로 내뿜어주는 것이 일생의 일이니까요.

신자도 교회도 아픔이 본질처럼 스며있어야 합니다. 그리하여 슬픔은 둥근 평화가 됩니다.

엄마

모든 피조물의 신음을 듣고 새로운 숨을 내어주는 것은 나무뿐입니다. 온갖 세상의 고통을 다 들여 마시는 피뢰침이 됩니다. 그러곤 밤사이 저 나무 한 그루 수백 그루 수천 그루 수만 그루 수백만 그루 수천만 그루 수억 그루가 끙끙 해산의 고통을 앓지요. 그리고 아침 같은 숨을 줍니다.

인간이 만든 욕심도 마시고, 폭력도 마시고, 자본주의도 마시고, 못된 문명도 마시고, 다 들이마시고 새 숨으로 내놓습니다.

나무는 세상의 자궁입니다. 나무는 엄마입니다.

보이지 않는 나이

겨울 같은 세상을 견디는 것은 봄을 너머 있는 침묵의 힘입니다. 나무는 속으로 여물며 나이를 먹지요. 나무는 속으로 자랍니다. 겉에선 나이를 모릅니다. 속을 보아야 나이를 압니다. 침묵으로 먹은 나이이기 때문입니다. 나무의 계절은 시간에서 오는 것이 아니라 그분의 침묵으로부터 옵니다.

어른 같은 사람은 나무처럼 삽니다. 수선거리지 않고 가만히 끊임없이 주변을 돌보며 나지막이 드러내지 않고 삽니다. 그런 이의 하루는 아름다운 나무 같습니다.

나무의 나이는 부드럽고 단단합니다. 그것은 우직하면서도 유연한 삶에서 나옵니다. 혹 찾아가고 싶은 벗이 없지 않겠지만 움직이지 않는 고독의 잉태는 '둥근 나이'를 낳지요. 그 가없는 기다림은 처음도 없고 끝도 없는 원을 그립니다. 한 자리에서 시간을 넘고 세월을 넘는 저 미련한 유머를 '나이테'라고 부릅니다.

나무의 보이지 않는 나이가 숲을 이룹니다.

전체를 피는 꽃

나무는 아무리 힘들어도 모나지 않게 자랍니다. 때론 삶의 무게에 등이 굽고 허리가 휘어지지만 멈추지 않고 앞을 향해 자라납니다. 그리하여 휘어도 추하지 않고 굽어도 초라하지 않습니다.

나무는 하루아침에 자라나지 않습니다. 기다림이 나무보다 익숙한 존재는 없을 겁니다. 때가 되어야 열매를 맺고 꽃을 피웁니다. 신자도 구원의 환희가 없지 않지만 점진적으로 다져가며 자라야 합니다. 그런 까닭에 나무가 피우는 꽃은 그 아름다움을 나무보다 앞세우지 않습니다. 뿌리가 줄기가 세월이 피운 것을 알기 때문입니다. 나무가 피우는 꽃은 나무 전체를 아름답게 합니다.

신자는 그 자신으로 교회와 세상을 아름답게 합니다.

자유가 날겠지요

창밖으로 키 큰 참나무 꼭대기가 보입니다. 거기
잘생긴 까치집이 있습니다. 나무는 세도 받지 않
고 새들에게 집을 지어 주었습니다. 참나무는, 부
화할 때까지 알을 품고 같이 살겠지요.
그리고
어느 날, 거기 생명이 깨어나고 자유가 날겠지요.

평화의 그늘

나무에 잎이 자라면 거기엔 그늘이 생깁니다. 푸른 그늘입니다. 나무에서 생기는 그늘은 어두운 세상이 아니요, 쉼을 주는 평화의 공간입니다.

가만히 있음으로 그늘을 만드는 나무는 존재 그대로 평화입니다. 무엇을 어찌하여 만드는 것이 아니라, 일상으로 그냥 만듭니다. 그래서 나무가 주는 그늘은 검소한 평화가 됩니다.

나무는,
남의 자리를 빼앗지도 않고 평생을 그 자리에서 평화를 만듭니다.

하나님에 대해 말해 주겠니?

그러자

나무는 꽃을 피웠다.

-타고르 Rabindranath Tagore

2부

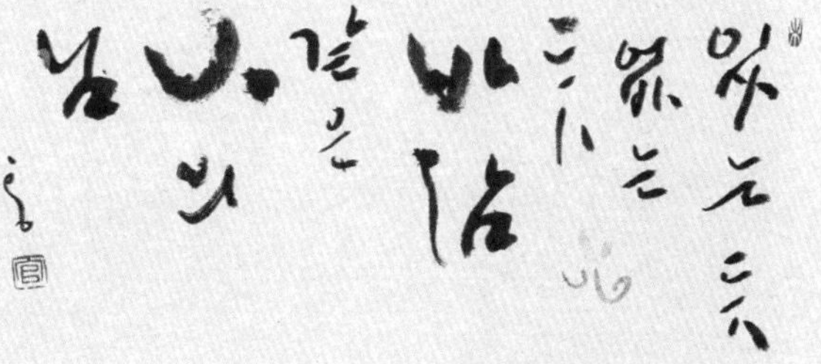
있는 듯
없는
바람
같은

餘 白
여백 1991년

작품을 결정짓는 중요한 것이란다.

마음의 벼루

나는 열 살에 아버지에게 붓글씨를 배웠습니다. 책상 위에 뿌옇게 먼지 앉은 벼루를 보면 그때가 또렷하게 생각납니다. 사는 동안 내내 먹을 갈고 붓을 들어 글을 쓰셨던 아버지의 호號는 의연毅硯이 었습니다. '굳센 벼루'라는 뜻입니다. 내게는 심연 心硯이라는 호를 지어주셨습니다. '마음의 벼루'라 는 뜻이지요. 새해가 되면 며칠을 미루다 고작 연 하장 몇 장 쓰려고 먹을 가는 것이 전부인 나를 어 찌 그리 일찌감치 아셨을까요. 스물두 살 되던 해, 아버지 무덤 앞에 서 있는 비석 묘비명墓碑銘을 쓰 고선 그 이후 한참 동안 붓을 잡지 않았습니다.

열 살의 어린 아들을 늘 머리맡에 두시고 먹을 갈 게 하셨던 아버지. 담 너머 들려오는 노는 아이들 소리를 모른 척하신 아버지. 당신 속마음은 다른 데 있었을 겁니다.

화선지에 번지는 먹을 찍는 일은 글씨를 배우는 시작이었습니다. 아버지의 말씀을 따라 글씨에서 번지는 먹을 파지破紙 화선지로 찍었습니다. 쓰시는 데 방해가 되지 않도록 숨을 죽이며 민첩하고 조용하게 움직였습니다. 조심조심 내가 쉬는 숨소리, 붓으로 먹을 묻히는 소리, 붓이 종이를 지나가는 소리, 아버지의 숨소리까지 아주 작은 소리들이었지만 그 순간 세상에 다른 소리는 없었습니다. 어느 글씨는 괜찮은데 '찍으라'고 하셨고, 어느 글씨는 걷잡을 수 없을 만큼 먹이 번지는데도 '그냥 놔두라'고 하셨습니다.

흰 꽃잎 같은 화선지에 붓을 대면 여백이 남기 마련입니다. 작품의 짜임새가 결정되는 것이지요. 먹으로 그린 그림들은 어느 땐 그 빈 공간에서 더 많은 이야기를 들려줍니다. 먹 내음이 그득했던 어린 시절, 화선지를 보고자란 나는 '여백'에 눈을 뜨기 시작했습니다.

태초에 여백이

태초에 여백이 있었다.

저녁이 되며 아침이 되니 이는 첫째 날이니라.

저녁이 되며 아침이 되니 이는 둘째 날이니라.

저녁이 되며 아침이 되니 이는 셋째 날이니라.

저녁이 되며 아침이 되니 이는 넷째 날이니라.

저녁이 되며 아침이 되니 이는 다섯째 날이니라.

닷새가 지나서야 사람을 만나볼 수 있었습니다. 만드신 남자를 다시 잠들게 하시고, 그 몸의 뼈를 들어 여자를 만드셨습니다. 단번에 하실 수 있었을 텐데, 여백과도 같은 숨을 쉬며 만드셨습니다. 흙으로 요 모양 조 모양 빚으실 때 짐승과 각종 새들, 이미 그 성격 다 아셨을 텐데 사람이 어떻게 이름을 짓나 지켜보셨습니다.

그분의 하루가 얼마나 짧은 것인지, 또 얼마나 긴 것인지는 잘 모릅니다. 땅도 바다도 이름을 처음 얻었던 시간입니다. 어린아이가 펼쳐놓은 도화지의 순진한 여백이 없다면 그곳을 가보지 못할 테지요. 깊고 짙은 어두움으로 가득 찼던 빈 공간에 빛과 생명의 숨으로 여백을 만드셨습니다. 우리들에게 하나님의 이야기를 들려주시려고 그렇게 여백의 세상을 펼치셨습니다.

창조는 도리어 여백을 낳았습니다.

몸을 굽히시고

한 여인을, 간음의 현장에서 끌고 온 자들이 있었습니다. 예수께 올가미를 씌우려고 모세의 율법을 들먹이는 서기관들과 바리새인들이었습니다. 모세의 율법으로는 돌로 쳐야 했습니다. 로마법으로는 그럴 권리도 없었던 '유대인 예수'였습니다. 돌멩이도 소화시킬 수 있었던 청년 시절, 나는 이 유대인과 함께 저항할 수도 없는 죽음의 현장에 서서 숨을 쉬기도 어려웠습니다.

그러나 그분은 몸을 굽히시고, 손가락으로 땅에 무언가 쓰신 후, 일어나, 다그치는 그들에게, 바람 같은 목소리로 말씀하셨습니다.

"…너희 중에 누구든지 죄 없는 자가 먼저 돌로 치라…."

그분은 그 아뜩한 순간에 몸을 굽히셨습니다. 그리고 손가락으로 땅에 무언가를 쓰셨습니다. 스스로 조그만 여백을 만드셨지요. 하늘 같은 숨을 쉬셨습니다. 차마 돌을 던질 수 없었던 사람들이 다 사라져버린 그 현장은 좁은 생각을 할 수 없는 너른 터가 되었습니다. 그 여백은 어리석은 청년을 다시 숨 쉬게 했고, 죽음의 문 앞에 서 있던 여인의 목숨을 살려냈습니다.

여백은

여백은,

잉태를 알고, 나누는 요셉과 마리아의 말 없는 대화입니다.

예수가 견딘 광야의 사십일입니다.

아들聖子의 죽음을 지켜보는 아버지聖父의 여섯 시간입니다.

부활을 기다리는 돌무덤의 사흘입니다.

낙타들이 천국 같은 행진으로 들어가는 바늘구멍입니다.

조용이

갈릴리 지방 나사렛 마을에 '예수'라는 이름은 흔
했습니다. 그러나 예수처럼 외로운 이름도 없습
니다. 특별하지 않기에 하나님의 아들은 더욱 외
롭습니다.

성서 66권에 단 한 번 나오는 이름들을 지나 예수
는 이 세상에 오십니다. 그분의 조상과 족보가 들
판의 무명초 같습니다. 그러나 성서에 단 한 번도
나오지 않은 이름들은 헤아릴 수도 없습니다.

눈에 보이지 않는 흐름이 하늘의 물결입니다. 땅
속으로 흐르는 물이 없다면 강도 멈추고 바다도
출렁이지 않을 테지요. 모르는 이름들을 통해 하
나님의 역사는 이어집니다. 드러나지 않는 이름,
들리지 않는 발걸음, 생색 없는 실천들이 이 세상

을 살려갑니다.

여백을 안다는 것은 그 이름들을 되뇌는 것이요,
고요한 발자국을 듣는 일이며, '조용이'* 행동하는
것입니다.

* 윤동주의 시 〈십자가〉 마지막 구절
… 꽃처럼 피어나는 피를 어두어가는 하늘밑에 조용이 흘리겠습니다.

싱거운 광야 시간

돌을 떡으로 만들지도 않았고
성전 꼭대기에서 뛰어내리지도 않았고
엎드려 절하지도 않았다,

.

.

.

는 광야의 이야기는
그렇게 끝이 납니다.

.

.

.

광야 사십일 동안
예수는 아무것도 하지 않으셨습니다. 아니,
아무것도 하지 않은 것을 하셨습니다.

아무것도 하지 않은 그 싱거운 여백의 시간에
그 흔한 이름, 유대인 예수는 장르를 바꿉니다.

.

.

.

'그리스도 예수…'

돌무덤의 일기

아침에 눈을 뜨면 나는 종종 다시 눈을 감습니다. 그러면 그렇게도 자애로운 분이 거기 서 있습니다.

깸과 꿈. 그 사이에서 여백의 노래가 들려옵니다. 말 많은 이 세상과 침묵의 담판을 벌이셨던 빌라도의 뜰이 펼쳐집니다. 나무 위에 달리시어 지구의 숨으로 견뎌야 했던 성자聖子의 여섯 시간이 보입니다.

그리고 나는 컴컴한 돌무덤의 일기를 다시 읽어봅니다. 사흘간을 읽어야 하는 돌무덤의 일기에는 단 한 줄의 글도 없습니다. 미명未明의 노래만이 그득합니다. 사흘 후, 쓰지 않은 수많은 진리의 문자가 살아납니다. 시리도록 거룩한 침묵의 노래가

울려 퍼집니다.

여백은 보이지 않는 저 너머의 세상입니다. 성서에 숨은 문자들이 어둠의 세력을 뚫고 아침처럼 부활합니다.

마주 서봄

여백은 한가로움입니다.

'한가로움'은 시간과 마주 서보는 겁니다.[*] 이웃과 마주 서보고, 성서와 마주 서보고, 역사와 마주 서보고, 나와 마주 서보는 겁니다. 마주 서본다는 것은 그 속으로 들어가는 일입니다. 이웃 안으로 들어가고, 성서 안으로 들어가고, 역사 안으로 들어가고, 내 안으로 들어가 끝내 그분 안으로 들어가는 일입니다.

살았던 인생을 돌아보고 살아갈 인생을 바라보는 일입니다. 그렇게 여백은 시간과 마주합니다. 시간을 창조해 나가는 위세를 떨 것도 아니요, 시간

[*] 치옹 윤오영의 수필 〈비원의 가을〉에 나오는 글

에 실려 갈 것도 아닙니다.

시간과 마주 서려면 하나님의 시간 속으로 들어가야 합니다. 그분의 시간 속으로 들어간다는 것은 하나님 나라로 들어간다는 말입니다. 하나님 나라로 들어간다는 말은 새의 날개처럼 자유로워지는 것입니다. 세상의 굳은 생각과 틀을 벗어나는 일입니다. 자비가 출렁이는 곳으로 들어가는 일이요, 정의가 춤추는 곳으로 들어가는 일입니다. 이 여백은 하나님의 시간을 재어볼 수 있으며 그분의 나라를 그려볼 수 있습니다.

신자의 여백은 그분처럼 고요한 것이요, 그분처럼 침묵하는 것입니다. 그분의 고요함은 천둥보다 크고, 그분의 침묵은 새벽보다 고요합니다. 그분의 고요함은 봄보다 따뜻하고, 그분의 침묵은 겨울보다 차갑습니다. 그분의 고요함은 맑은 물보다 선명하고, 그분의 침묵은 바다보다 깊습니다.

신자는 그분의 고요와 침묵 속에서 예수와 마주 서보고, 교회와 마주 서보고, 세상과 마주 서보고,

우주와 마주 서봐야 합니다. 그리하여 나를 만드신 분과 마주 서봐야 합니다.

한가로움의 여백은 신자의 길입니다.

무곡 찬송가

한국교회를 이끌어온 노래는 미국에서 들어온 노래도 아니요, 화려한 화성으로 다져진 성가대의 노래도 아닙니다. 어머니의 어머니들이 불렀던 '무곡 찬송가의 역사'입니다.

악보는 없고 세로로 가사만 쓰여 있는 무곡 찬송가의 곡조는 이 노래나 저 노래나 '그 노래가 그 노래'입니다. 어머니들이 흥얼거렸던 이 곡조는 애달픈 삶의 토함이요, 가난한 현실의 신음이요, 희망을 걸어보는 절절함의 통곡이었습니다. 속이 드러나는 순전한 이 멜로디는 악보 위의 악보입니다. 오선지가 없는 악보요, 음표가 없는 악보요, 조표가 없는 여백의 악보입니다. 이 여백에서 나오는 노래가 바로 우리 삶의 노래입니다. 새벽마다 쏟아낸 눈물이 수정처럼 얼었던 마룻바닥의

노래가 이 땅의 교회를 지키고 신앙의 자식들을
키워낸 '마이너 교향악'입니다.

여백은,
'그 노래가 그 노래'였던 '어머니들의 그 노래'에
귀 기울이는 것입니다.

듯

있는 듯 없는 듯 바람 같은 나의 님

여행

하나님 나라를 가기 위하여 먼 여행을 떠날 필요
는 없습니다.

내가 사는 이 땅 위에는 하늘나라 이야기가 펼쳐
있습니다. 하늘과 땅 사이로 여백이 있어 그 나라
를 갈 수 있습니다. 저기 숨어 피는 들꽃으로 그 나
라가 그려집니다.

벼 이삭 사이로 잠들러 간 따사로운 햇살로, 저 아
침 바다가 불러주는 조용한 노래로 하늘나라 향을
맡을 수 있습니다.

하나님 나라는 여백의 회화繪畫요, 여백의 노래입
니다.

작품을 결정짓는

처마 끝에 달아놓은 풍경 소리는 여린 바람을 타고 방안으로 들어옵니다. 바람 소리를 들려주는 풍경風磬은, 동네 아이들의 노는 소리를 모른 척하며 먹을 갈았던 내 어린 시절로 데려다줍니다.

고요히 먹을 갈고 붓을 들어 글을 쓰며 묵향 속으로 빠져들던 시간들. 거기 흰 꽃잎 같은 여백이 있습니다.

먹의 옷을 입고 글씨는 쓰여집니다. 먹의 옷을 입은 글씨에는 퍼지고 갈라진 여백의 춤이 너울거립니다. 검은 속에 흰색, 흰색을 지나가는 검은 색이 여백의 이야기를 들려줍니다. 흰색과 검은색의 강렬하고 뚜렷한 구분도 여백이 있어 자연스럽습니다.

삼백예순다섯 날, 매일같이 글씨를 쓰셨으니 화선지는 서실 한쪽에 옛 동산처럼 쌓여있었습니다. "찍어라"하시면 찍었던 그 종이입니다. 작품에서 밀려나 파지가 되어버린 종이들이지요. 쌓인 종이만큼의 여백이 있어 아버지의 글씨는 완성되어갔습니다. 고향도 친구도 삶의 터전도 다 놓고 떠나와 오랜 세월을 오고 가는 계절처럼 사셨던 아버지의 일기가 거기 있었습니다. 어릴 적 글씨를 배울 때 아버지는 '여백'을 이렇게 말씀하셨습니다.

"작품을 결정짓는 중요한 것이란다."

흙 1984년

나는, 흙으로 빚어졌습니다.

흙이니, 흙에서 삽니다.

흙이니, 흙에서 나고 돋고 맺는 것을 먹고 삽니다.

흙이니, 흙으로 돌아갑니다.

흙 이불 덮고 흙 속으로 들어갑니다.

그리고...

흙이 됩니다.

흙의 메타포, 사람

여기 쓴 글은 대학교 3학년 어느 겨울날, 조소실에서 떠오른 생각입니다. 딱딱하게 굳은 흙을 만지며 손에 피가 난 것을 보며 이 글을 쓰게 되었습니다. 그날 생각을 잊어버리지 않기 위해 집으로 달려가 공병우 타자기로 기록해 놓았습니다. 36년이 지난 지금 이 글을 내놓는 이유는 아직까지 이것을 다룬 글을 만나지 못했기 때문입니다.

이 글은 신학적인 글도 아니요, 과학적 근거를 쓴 글도 아닙니다. 대학에서 조소를 공부하며 '흙'을 만졌기에 그 시간 속에서 '그냥' 나온 글입니다.

30년이 넘었으니 꽤 오랜 시간 동안 노래를 불러왔습니다. 교회 안과 밖에서 하나님 나라와 예수의 뜻을 노래할 때 늘 은유metaphor를 사용했습니다. 구약은 신약의 메타포요, 신약은 구약의 메타포이기 때문입니다. 신약에서도 예수께서 '하나님 나라'를 말씀하실 때 이른바, '메타포'를 사용했습니다. 어디 하나님 나라가 그리 쉬운가요. 예수의 이야기가 어디 그리 간단한가요. 그래서 메타포입니다. 은유를 사용할 수밖에 없다는 말입니다.

'흙'으로 사람을 만들었다는 것은 어떤 뜻일까요? 왜 하나님은 사람을 '흙'으로 만드셨을까요? 나는 이 글에서 '흙'이라는 메타포를 이야기하려고 합니다.

흙을 닮은 사람·사람을 닮은 흙

1

흙은 다른 모든 것을 떠안고 살면서 세상에는 잘 드러나지 않습니다. 봄여름가을겨울의 빛깔과 변화를 가장 선명하게 보여주면서도 정작 자신의 얼굴은 숨깁니다. 한없이 너른 가슴과 가없는 연민을 품고 있으면서도 예삿일에는 꿈쩍도 하지 않습니다. 그러나 싹을 틔우고 생명을 내놓는 일에는 마다함이 없이 자신의 몸을 가릅니다. 그래서 '어머니 대지'입니다.

2

때때로 '산 흙'은 '죽은 흙'을 살려내기도 합니다. 반대로 '죽은 흙'은 '산 흙'을 죽일 수도 있습니다. '산 흙'은 모든 생명을 살려내지만 '죽은 흙'은 생명을 살아남지 못하게 합니다. 썩고 썩어 부서지고 부서져 바람처럼 부드러워진 흙은 이 세상을 포근한 이불처럼 덮어주고 뭇 생명들을 길러냅니다.

3

이 세상 노동 중에 가장 힘들고 고된 일이 바로 '흙일'이라고 할 수 있습니다. 땅 고르는 일을 해보면 하루 온종일 애써도 평평해지지도 않고 결과도 잘 보이지 않습니다. 좀처럼 생색나지 않는 일이지요. 흙일은 노동판에서도 막일에 속합니다. 나무를 자르거나 못을 박거나 기둥을 세우거나 지붕을 얹거나 미장일을 하거나 창문을 달거나 현관을 만드는, '알아주는' 일에 속하지 못합니다. 게다가 정원을 가꾸는 일도 아닙니다. 정원을 차리기 위해 땅을 고르는 일입니다. 곡괭이와 삽으로 하루 종일 파고 고르고 또 파고 나르고 하는 일입니다. 언뜻 보아서 변화가 없는 일이지요. 흙일이 어려운 까닭은 흙 속에 박혀 있는 크고 작은 돌들 때문이기도 합니다. 흙 속에 숨은 돌은 잘 보이지도 않아

삽으로 파다 보면 손목을 다치기 일쑤지요. 잔뜩
웅크리고 있는 돌은 찾아내기도 쉽지 않지만 캐내
기도 여간 어려운 게 아닙니다. 안간힘을 다해 큰
돌을 하나 꺼내고 숨을 고르려면 또 작은 돌이 걸
리고 그 속에 또 큰 돌이 끊임없이 나옵니다. 이 걸
림돌들을 받아들이고 끝까지 포기하지 않아야 마
칠 수 있는 것이 '흙일'입니다.

구름, 공기, 물, 나뭇잎도 있었을 텐데

성서의 첫 번째 책인 창세기는 '사람을 흙으로 지었다'고 말합니다. 흙이 스스로 뭉쳐져서 사람이된 것이 아니라 하나님께서 직접 빚으셨다는 말입니다. 각종 들짐승과 공중의 새도 흙으로 만드셨지만 사람에게는 '하나님의 숨'을 불어넣어 주셨습니다. 그런데 왜 하필 '흙'이었을까요? 도대체 왜 '흙'으로 만드셨을까요? 구름, 공기, 물, 나뭇잎, 꽃도 있었을 텐데 왜 굳이 '흙'이었을까요?

낮은 곳으로 흘러온 모든 것들과 함께 사는

사람이 사는 곳은 흙입니다. 흙이 흙에서 사는 것이지요. 간혹, 나무 위에서도 살고 물 위에서도 살지만 흙을 밟고 사는 것이 가장 좋습니다. 흙은 이세상 가장 낮은 곳에 있습니다. 어디에든 가장 낮은 곳은 흙입니다. 무릇 사람이 사는 데는 높은 곳보다는 낮은 곳이 편안합니다. 성서에도 '낮은 곳'에 처한 이에게 말합니다. "벗이여 올라앉으라." 위에 있는 사람은 아마 더 올라갈 때가 없었을 겁니다.

흙이 모여 땅입니다. 사람을 나눌 수 없듯이 땅도 자본의 힘으로 나누는 일은 창조의 뜻과 어긋난다고 할 수 있습니다. 그러나 자본의 폭력은 현대사회의 문명을 앞세워 흙이 모인 땅을 망가뜨렸습니다. 흙을 죽이고 땅을 제멋대로 나누었습니다.

문명은 다름 아닌 인간들이 이루고자 하고 누리고
자 하는 욕심의 결과물들입니다. 또 다르게 표현
하면 인간 지혜의 산물이라고 할 수 있는데 결국
그것은 개인과 인류가 선택한 삶의 방식을 따라가
는 기술과 정신입니다. 그것이 흙을 살리는 것이
라면 좋을 텐데 흙을 죽이는 것이라면 우리의 문
명은 잠시 멈추어야 마땅합니다. 그리고 나와 너
의 삶을 다시 돌아보아야 합니다.

온갖 화학물질로 흙을 덮어버리는 시대에 흙을 살
리는 것은 사람을 살리는 일과 다르지 않습니다.
흙이 살아야 사람도 살 수 있습니다. 흙이 죽으면
사람은 살 수 없게 됩니다. 흙을 살리려면 인류가
이룩해놓은 문명을 마주해 봐야 합니다. 어떻게
이 지구 땅이 망가지고 파괴되어 가는지 살펴봐야
한다는 말이지요. 사람이 흙인 것을 알았다면 또
한, 돌아갈 곳도 흙인 것을 깨달았다면 탐욕으로
인해 퍼지는 죽음의 문명을 멈추고 흙을 살리는
문명으로 바꾸어야 합니다. 죽임에서 살림으로 가
는 '문명의 대전환'이 절실합니다.

씨를 뿌려 밭을 일구어 보면 죽은 땅에서는 싹을

틔울 수 없다는 것을 알게 됩니다. 죽은 흙에서는 생명이 자랄 수 없지요. 산 흙에서만 생명은 커갑니다. 모든 계절을 농사로 사는 농부님들은 말합니다.

"흙처럼 정직한 건 없어~!"

새삼 사람이 흙으로 만들어졌다는 것이 자못 궁금해집니다. 하나님께서 사람을 흙으로 빚은 까닭은 무엇일까요?

나를 왜 흙으로 지으셨을까?

혐상 形像

하나님이 자기 형상 곧 하나님의 형상대로
사람을 창조하시되 남자와 여자를 창조하시고
(창 1:27).

여호와 하나님이 흙으로 사람을 지으시고
생기를 그 코에 불어 넣으시니 생령이 된지라
(창 2:7).

이미 다 섞인 존재

이 땅에서 이루어진 그리스도의 아름다운 부활
은 나를 깨끗하고 순전한 사람으로 바꾸어 놓았습
니다. 그러나 내가 처음부터 불순하였던 것은 아
닙니다. 아무것도 섞이지 않은 흙처럼 고운 존재

였습니다. 아무것도 섞이지 않았다는 것은 이미 다 섞였다는 말입니다. 이 세상 모든 것이 들어있지만 드러나지 않고 이 세상 다른 것들이 들어있지만 다르지 않다는 말입니다. 나의 첫 사람은 그렇게 거룩한 형상이었습니다. 거룩하다는 것은 아름답다는 말입니다. 아름답다는 것은 저 혼자 고고한 것이 아니라 함께 어울려 더불어 사는 삶을 말합니다.

흙에는 낮은 곳으로 흘러든 모든 것들이 함께 있습니다. 낮은 곳으로 모인 존재들과 모자람을 나누고 또 채워가며 삽니다. 모든 것이 모여 흙입니다. 나무 한 그루로 산을 이룰 수 없고 큰 나무만으로 숲을 이룰 수 없듯이 돌멩이 하나로 산을 이룰 수 없고 흙덩이 몇 개로 땅을 이룰 수는 없습니다. 흙은 그냥 섞이는 것이 아니라 품는 것입니다. 때론 감추고 때론 길러내고 때론 하나가 됩니다. 흙으로 모여든 다른 것들은 시간이 지나면서 흙이 됩니다. 저가 없어지고 사라지며 흙이 됩니다. 나는 이렇게 '아름다운 흙'으로 이 땅에 왔습니다.

하나님의 숨을 쉬는

인간의 몸을 흙으로 만들었다는 것은 모든 인류가 하나 된 몸이라는 메타포입니다. 재료가 다 같은 존재라는 말이지요. '이웃은 내 몸'이라는 말씀이 거짓 없는 참이 됩니다. 나를 흙으로 빚으신 그분은 흙처럼 고운 분이요, 흙처럼 정직한 분입니다. 그분은 흙으로 된 내 몸에 생기를 후욱~ 불어넣어 산 흙이 되게 하셨습니다. 하나님의 숨을 우리 몸 전체에 불어 넣어주신 것이지요. 그리하여 사람은 하나님의 숨을 쉬고 사는 존재입니다.

이 세상 존재가 저마다 제 숨을 쉽니다. 하나님은 침묵의 숨을 쉽니다. 나는 내 숨을 쉽니다. 내 숨은 그분의 숨입니다.

손에 피가

대학에서 공부했던 '소조'塑造는 흙을 만지는 것이 그 시작입니다. 3학년 겨울이었습니다. 여느 때처럼 작업실에서 딱딱하게 굳은 흙을 만지고 있었습니다. 얼어붙은 진흙에 물을 뿌리며 나무망치로 때리고 손으로 주무르기를 반복하면 흙은 풀어지고 부드러워집니다. 이 작업은 꽤 지루합니다. 아침부터 오후 3시경까지 작업했으니 준비시간만 반나절이 훌쩍 넘었습니다. 등에는 땀이 흐르고 숨이 찹니다. 작품을 시작하기도 전에 이미 흙이란 재료를 만지며 구상의 숨과 거친 숨과 고르는 숨까지, 내 숨이 흙 속에 참 많이도 들어갔습니다.

허리를 펴고 잠시 숨을 가다듬는데, …손가락에 피가 난 것을 발견합니다. 흙 속에 유리 조각이 있었다는 걸 그제야 압니다. 손이 얼어 통증이 무뎌져서 한참 후에야 피가 난 것을 알았습니다. 바로 그때. 아주 빠른 속도로 '흙'이라는 화두가 번개처럼 머리를 스치고 천둥처럼 가슴을 칩니다. '하나님께서 나를 흙으로 지으신' 뜻을 감지하는 순간입니다. '나를 왜 흙으로 만드셨는지…', 스물두 살의 상상력이 현란하고 세련된 기계처럼 작동하고 있었습니다. 이 상상력은 그때까지 만나지 못했던 큰 해일처럼 밀려오고 우주의 혜성처럼 빠른 속도로 다가왔습니다. 그러나 그것은 무게와 속도와는 상관없이 맑고 신선한 바람이 되어 머리와 가슴속으로 불어왔습니다.

손 안에 있던 흙은, 상처로 인해 도리어 내 인식 속으로 선명하게 들어왔습니다. 부부가 살면서 무감각하게 살다가도 한 사람이 아프거나 어디를 떠났을 때 그 존재가 확연히 드러나듯이 그동안 아무렇지도 않게 만지던 흙이란 존재가 손가락의 피로 인해 관조觀照의 대상으로 나타난 겁니다. 막연했던 존재가 실상實狀이 됩니다. 손 안에서 익숙하여 도리어 아무렇지도 않던 재료가 내 존재의 시작으로 깨달아지게 된 겁니다.

조소를 전공하려고 시작했던 무렵을 돌아보면 흙은 참 낯선 것이었습니다. 그러나 상상력이 움직였던 그날은 3년이 지나가는 겨울이었으니 제법 흙과 친숙해지고 손에서 다루는 솜씨가 익숙해지던 때였습니다.

까다로운 재료

조소는 '조각彫刻·carving과 소조塑造·modeling'를 더한 말입니다. 조각은 돌과 나무 등을 깎아서 만드는 기법을 말하고, 소조는 그와 반대로 점토나 흙으로 형상을 붙여나가는 방법을 말합니다. 하나님은 사람을 빚어 만드셨다고 하니 큰 흙덩어리를 깎아 만드신 것이 아니고 흙을 붙여서 만드는 '소조'를 하신 것이라고 생각합니다.

글쎄요, 이런 비유가 적절할지 모르겠습니다. 조각은 남성(아버지)의 이미지가 있고 소조는 여성(어머니)의 이미지가 있습니다. 조각은 깨고 깎아 내야 하는 다소 거친 아픔이 있습니다. 소조는 아무것도 없는 혹은, 형태가 정해져 있지 않은 흙의 상태에서 정성스레 보태나가며 차근차근 만들어 나가는 따뜻한 매력이 있지요. 질그릇, 항아리에서도 어머니의 포근하고 감싸는 이미지가 떠오르는 것처럼 말입니다.

소조하는 사람은 작품을 구상하여 스케치한 후, 철사와 끈과 나무를 사용하여 흙을 붙일 심대 역할을 하는 축軸을 세웁니다. 사람에게 뼈대와 같은 축이 없다면 흙은 쓰러지게 됩니다. 이 축을 만들 때 작가는 이미 작품의 구상과 완성을 머리에 그리고 있습니다. 그러므로 심대는 단지 흙이 쓰러지지 않도록 대강 세우는 것이 아니라 그 모양과 형태를 따라 만듭니다. 말 그대로 기초입니다. 밑바탕이지요. 근본이 되는 뼈대입니다.

흙을 버릇처럼 주무르며 알아가는 것은 '흙은 참 곱다'라는 사실입니다. 언뜻 보아 막일꾼처럼 보이는 조각가들은 알고 보면 그처럼 고운 흙을 만지는 사람들입니다. 그들은 작품과 매개체가 되는 흙을 만지며 자기 자신을 만진다고 할 수도 있겠습니다. 흙을 통하여 자신의 뜻과 정신이 담긴 형상을 만들기 때문입니다.

하루 종일 흙을 만진 손은 가문 논밭처럼 바짝 말라 있습니다. 수분과 양분을 다 빨아들이는 흙의 성질 때문입니다. 작업실에 쌓아놓고 돌보아 주지 않은 흙은 이내 굳어버려 당장 쓸 수 없게 됩니다.

항상 물을 적당히 뿌려주고 적셔주어 마르지 않도록 주의해야 합니다. 그래서 흙이 아주 굳어지지 않도록 해야 합니다. 딱딱하게 굳어버린 흙 속에는 다른 잡물들도 같이 굳어 있어 그것을 골라내는 일이 굳지 않았을 때와는 비교할 수 없이 번거롭고 어렵게 됩니다. 결국 큰 흙 망치로 하루를 힘들여 때리고 반죽해야 굳어진 흙을 다시 쓸 수 있게 됩니다. 이 과정은 나무망치로 때리는 작가나 맞아야 하는 흙이나 처량하기 그지없습니다. 그래도 이 일이 작품을 만들기 위한 시작입니다. 만들어질 작품의 표현이 흙에 달렸기 때문입니다. 굳은 흙으로는 작품을 만들 수도 없거니와 섬세한 표현은 더더욱 어렵지요. 게다가 굳고 마른 흙은 어떤 흙과도 섞이지 않습니다. 흙과의 연합이 불가능합니다. 적절한 수분으로 젖어있어야 흙과 흙은 섞이게 됩니다. 마른 흙의 최후는 먼지입니다. 사라지는 것이지요. 그래서 작품을 시작할 때 반죽이 잘된 흙을 보면 마음이 참 좋습니다. 반죽된 흙을 손에 오래 쥐고 있어 보면 손의 온기가 흙에 전해져 흙도 차츰 따뜻해집니다. 이런 순간이 작가와 흙이 교감하는 때입니다. 온기로 인해 손과 흙은 다른 물질이 아닌 구별이 없는 같은 존재로 느껴집니다. 마르고 얼고 굳어졌던 까다로운 흙이 부드럽게 되었으니 이제 작품을 시작할 수 있습니다.

거칠고 무디게 보이는 이 작업과정을 잘 살펴보면 꽤 복잡하면서도 세밀합니다. 그러기에 작가는 예민하면서도 인내가 필요하지요. 시간과 날씨와 환경을 두루두루 살피며 모든 상황에 침착하고 참을 줄 알아야 합니다.

덥고 춥고 건조하고 축축한 모든 날에 흙은 그에 따라 민감하게 반응합니다. 흙을 붙이고 조금이라도 쉬려면 흙이 마르지 않도록 물을 뿌려 주어야 하는데 그것도 함부로 뿌리면 곤란합니다. 입으로 물을 머금어 조금씩 품어주든지, 분무기로 구석구석 골고루 뿌려주어야 합니다. 물을 한꺼번에 많이 뿌리면 흙 틈으로 타고 들어가 만들어놓았던 형상이 두 동강이가 날 수도 있습니다. 물을 뿌리고도 만약 어떤 일이 생겨 오래도록 밖에서 시간을 보냈다면 여지없이 흙은 마르고, 그것이 반복되었을 때는 애써 붙여놓았던 흙은 마치 건조한 피부처럼 갈라져 버립니다. 하는 수 없이 다시 작업해야 하는 어려움을 겪게 되는데 아예 처음으로 돌아가 시작하는 것보다 더 귀찮고 힘들어지는 경우도 생깁니다. 무슨 일이든 처음부터가 흥미로운 것이지요. 고쳐가며 수정해가며 일하는 것은 보람이 없는 것은 아니지만 그만큼 소모적이고 흥미도 떨어지기 마련입니다.

작가의 손에 있는 흙과 작품에 붙어 있는 흙은 반죽의 정도가 같아야 잘 붙게 되는데 그래서 흙은 손 안에 있든지 떨어져 있든지 같이 돌보아야 합니다. 하루의 모든 작업을 끝내고 밤을 맞을 때도 친절한 손길이 필요합니다. 물을 골고루 뿌려준 후 적신 천이나 비닐로 빈틈없이 잘 감싸줘야 합니다. 잘 마르고 갈라지는 흙은 정성을 들이고 조심해서 다룰 꽤 까다로운 재료입니다.

다른 것이 들어가 있으면

흙은, 작품에 임할 때 작가의 머릿속에서 빠르게
움직이는 생각과 같이 긴밀하게 다루어집니다. 그
림을 그릴 때도 마찬가지이지만 재료를 공부할 때
작가들은 예민해집니다. 수분과 양분을 다 흡수해
버리는 흙의 성질은 손을 많이 상하게 하지만 작
가들은 흙을 만질 때 조금이라도 재료와 가까워지
려고 되도록이면 작업용 장갑을 끼지 않습니다.
성질도 알아야 하고 느낌도 알기 위해서입니다.
손과 흙은 바늘과 실처럼 매우 친밀한 관계가 됩
니다.

어느 날, 몇 손가락의 지문은 희미해져 잘 보이지
않았습니다. 그럴 때는 한편으로 아픈 구석이 있
지만 엄마가 된 것 같은 마음도 생깁니다. 오래도
록 흙을 만지고 있으면 내가 흙을 만지는 것인지,
흙이 나를 만지고 있는지 모를 때가 있습니다. 흙
이 곱다는 것은 그럴 때 알게 됩니다. 그러나 그 고
운 흙이 어떤 날은 아픔을 주기도 합니다. 맨손으

로 흙 작업에 열중하고 있을 때, 손에 피가 묻어 있
는 것을 종종 보게 됩니다. 흙 속에 불순물이 들어
있기 때문입니다. 유리 조각, 끊어진 철사, 날카로
운 돌, 나무 조각, 플라스틱 깨진 것….

어떤 의심도 없이, 혹은 무의식적으로 만지다 보면
흙 속에 숨었던 날카로운 것들이 손을 그냥 놔두
지 않습니다. 찌르고 베고 할큅니다. 그 결과 당연
히, 고통스럽고 아프고 피가 나지요. 그러면 흙에
게 좀 억울하다는 느낌이 듭니다. 작품에 열중한
만큼 배신감이 몰려오지요. 흙 속에 좋지 못한 것
들이 섞여 있을 때 손이 괴롭기도 하지만, 정작 중
요한 점은 정교한 표현이 어렵게 된다는 겁니다.
그러기에 흙 속에 숨어있는 흙 아닌 다른 것들을
일일이 골라내야만 합니다.

기회가 있어 경주에 있는 도자기 가마작업장에
서 작업했을 때도 비슷한 경험을 했습니다. 매우
고운 흙으로 그릇을 빚었지만 그 속에 잡물이 섞
여 있던 것들은 가마 작업이 끝난 후, 균일하지 못
한 결정結晶이 드러나고 어떤 것은 열을 견디지 못
하여 갈라져 버렸습니다. 결국 쓰지 못하는 그릇

이 된 것이지요. 도공陶工은 깨진 그릇을 망설임도 없이 버려진 다른 그릇들 속으로 던져버렸습니다. 흙 속에 다른 것이 들어 있어 생긴 결과입니다. 조금이라도 다른 것이 섞이게 되면 표면에도 나타나지만 속에 숨어있더라도 결국 그릇은 갈라지고 깨져버립니다. 흙 속에 들어가 있는 불순물의 크기와 성질만큼, 작가의 처음 구상과 달라집니다.

멀리 버리지 않으면

흙은 게다가 끈끈한 성질도 있습니다. 그래서 다른 물질들이 아주 쉽게 달라붙지요. 가끔 잡물들이 섞여 들어간 것을 골라내지 못하고 작품을 끝낼 때도 있습니다. 속으로 들어가 버린 다른 것들은 언젠가는 손을 다치게 하고 흙과는 하나가 되지 못합니다. 특히, 썩지 않는 것들이 가장 곤란합니다. 아무리 시간이 지나도 흙과는 섞이지 않지요. 같은 성질이 아니기 때문입니다.
그러기에 잡물을 버리는 것은 매우 신경을 써야하는 일입니다. 골라낸 잡물들은 흙과 섞이지 않게 되도록 멀리 갖다버려야 합니다. 그것들이 가까이에 있으면 또 다시 흙과 쉽게 붙어버리기 때문입니다. 온갖 잡물들이 있지만 눈에 띄는 것도 있고 보이지 않는 것도 있지요. 잡물이 섞이기는 아주 쉽지만 그것을 흙과 떨어뜨리려면 골라내야 하는 시간과 집중력이 필요합니다. 그래서 귀찮고 번거롭더라도 버릴 때 아예 멀리 갖다 버려야 합니다. 작가는 작품이 끝날 때까지 다른 잡물들이 흙 속에 들어가지 않도록 늘 살펴야 합니다.

흙이 되어 그 속에

흙 속에 숨겨진 잡물을 없앤 다음 비로소 구상한 것을 마음대로 표현할 수 있습니다. 깨끗하고 순전한 흙은 작가의 손에서 그의 처음 생각대로 만들어집니다. 흙은 작가의 지문指紋이 선명하게 묻어나올 만큼 곱고 부드럽습니다.

반죽된 흙을 붙이기에 알맞은 크기로 떼어 놓습니다. 손은 부지런히 움직여야 하고 헤아릴 수 없을 만큼 수많은 노동의 반복으로 형상은 만들어집니다. 흙은 누르면 들어가고 누르면 또 들어갑니다. 그렇게 만들어진 형상 속에는 작가의 열 손가락에서 묻어난 선명한 지문과, 이마에서 떨어진 땀, 작가의 처음 구상이 속속 깊이 들어갑니다. 작가의 숨도 작업시간만큼 그 속에 스미게 됩니다.

작가의 생각과 손이 함께 만든 형상은 그의 뜻과 노동이 그대로 들어가 있습니다. 그 형상은 작가만큼 정직합니다. 작가는 흙이 되어 거기 들어가 있고, 흙은 작가가 되어 거기 있습니다. 이것이 작가가 갖는 '자기 형상'에 대한 사랑입니다. 그의 처음 구상과 노동과 땀이 고스란히 스며 있는 까닭입니다.

남김없이 버려야

이렇게 만들어진 흙의 형상을 이른바 조각상으로 완성하려면 그 중간에 '석고 작업'을 거쳐야 합니다. 만든 것의 모양과 선을 따라 적절히 나누어 필름을 꽂고 석고를 발라 떠내는 일입니다.

이 일도 처음 작업처럼 신중하고 세밀하게 진행됩니다. 조금이라도 실수가 있으면 처음에 만들었던 형상을 잃어버리게 됩니다. 석고 가루에 알맞게 물을 붓고 잘 섞으면 마치 찰진 크림처럼 됩니다. 필름을 꽂아 나눈 선을 따라 잘 섞은 석고를 균일한 두께로 흙 위에 발라 줍니다. 석고의 열이 식고 하루 이틀 정도 지나면 필름을 뽑아낸 후 굳어진 석고를 조심스럽게 떼어냅니다. 그러면 석고 안쪽으로, 처음 만들었던 흙의 형상이 음각陰刻이 되어 나옵니다.

그다음은 석고 안쪽에 남아 있는 흙을 깨끗이 떼어냅니다. 감자 모양으로 흙을 뭉쳐 꾹꾹 눌러 주면서 구석구석 박혀있는 흙을 하나의 남김없이 없앱니다. 흙은 흙에 잘 붙기 때문에 흙을 제거하는 작업도 흙으로 합니다. 굴곡이 심한 부분은 흙이 숨어 있어 꼼꼼하게 제거해야 합니다. 인내가 필요하지요. 다른 방법은 없습니다. 묵묵히 오랜 시간을 들여서라도 석고 안쪽에 붙어 있던 흙을 완전히 없애야 합니다. 그것이 처음 만들었던 형상대로 나오게 하는 유일한 길입니다. 흙이 조금이라도 남아 있으면 남아 있는 만큼 변하게 되지요. 그만큼 처음의 모양을 잃게 됩니다.

솔직히 이 작업은 작가로서는 아쉬운 마음이 큽니다. 애써서 붙였던 흙을 모양 없는 흙으로 다시 돌려보내는 일이지요. 처음 쏟았던 시간과 정성을 조금도 남김없이 버려야 합니다. 처음 흙은 없어지고 새로운 재질의 작품이 탄생합니다.

이것이 조각상을 완성시킬 때 치르는 '흙의 희생' 입니다. 석고 작업이 끝나면 완성될 마지막 재료 (석고, 합성수지polyester, 청동bronze)를 석고 안쪽에 부어 그 재료가 굳은 후, 다시 석고를 깨고 나면 처음 만들었던 형상이 다시 나오게 됩니다. 날씨가 고르지 못하거나 통풍이 잘되지 않거나 그 외에 다른 조건들이 잘 맞지 않으면 마지막에 와서 실패할 수 있습니다.

이 긴 과정이 무사히 마쳐지면 비로소 하나의 조각상이 태어납니다. 세상에 둘도 없는 작품입니다. 판화나 조각이 여러 개를 복제한다고 하지만 엄밀하게 보면 같은 것은 없습니다. 비슷할 뿐이지요. 상태도 그렇거니와 놓일 장소가 다르니까요. 조각과 건축은 어디에 두느냐가 그것의 생김새와 메시지만큼 퍽 중요합니다. 놓이게 되는 곳의 환경에 따라 그 역할이 달라집니다. 들이나 산이나 도시나 집이나 빌딩이나 관공서나 미술관이나 놓이는 곳마다 사정이 다르고 이야기가 다르게 펼쳐집니다. 작가의 입장에선 제 손을 떠난 작품들이 그곳에서 잘 지내길 빕니다. 제 역할을 하기를 바랄 뿐입니다.

중요한 것은 작가의 처음 생각과 표현들입니다. 그 형상과 모양은 작가가 품었던 '처음'입니다. 작가의 구상, 뜻, 정신, 생각, 표현, 계획이 세상에 그대로 드러난 것입니다.

> 하나님이 가라사대 "우리의 형상을 따라 우리의 모양대로 우리가 사람을 만들고…"(창 1:26).

처음 형상으로 살다가 다시 흙으로

나는 흙이요, 하나님께 빚어진 몸입니다. '처음 형
상'을 잘 간직하며 주위의 변화로 인해 감성과 연
민이 마르지 않도록 그분의 생수로 늘 젖어 있기
를 빕니다. 빚어진 흙처럼 순전하고 고우며 섬세
하고 정직하게 살기를 바랍니다. 또한 비우며 가
볍게 살아야겠지요. 그리고 흙의 희생처럼, 그리스
도의 죽음처럼 떠나야 합니다. 우리의 인생은 흙
과 더불어 땅으로 다져지겠지요. 다른 흙과 섞이
어 또 다른 생명을 피워내겠지요.

흙은 '고운 정직'입니다. 순전한 흙에 섞여 들어오
는 온갖 잡물들을 멀리해야 합니다. 모든 인생에
유혹과 굴곡이 없을 수 없습니다. 그럴 때마다 그
것으로부터 돌아서야 합니다. 그것이 회심입니다.
참회의 길에서 다시는 뒤를 돌아보지 않는 단호함
과 정결함이 있어야 합니다.
물이 모양이 없다지만 흙도 모양이 없습니다. 흐
르는 강물에서 세월을 보지만 부서진 흙에서도

시간을 읽습니다. 바위도 부서지고 산도 무너지고 돌도 으깨어져 부드러운 흙이 됩니다. 시간이 쓰다듬어 만든 가벼운 아름다움입니다. 어리석도록 느린 부드러움입니다. 생색도 없고 급한 것도 없고 게으름도 없습니다. 흙은 그렇게 흙입니다. 흙으로 산다는 것은 인간의 재료로 흙을 선택했던 그분의 뜻대로 사는 겁니다. 모든 인류에게 바라던 그분의 생각은 '흙을 닮은 자연적 인간'이었는지도 모릅니다. 하나님께서 빚으셨던 '처음 형상'으로 살다가 고운 흙으로 다시 돌아가기를 빕니다.

흙거울

생명을 피우기 위해 기꺼이 흙이 되는 것은 아름다운 일입니다. 그러나 많은 사람들이 자신을 꽃이라고 말하며 흙으로 살기를 거부합니다. 우월감의 강박은 다름 아닌 콤플렉스입니다. 생존본능보다도 우월감이 앞서는 기이한 현상입니다. 이 중독성은 어떤 바이러스보다도 강해 보입니다. 흙을 보잘것없는 것으로 아는 세상에선 본질과 바탕은 사라지게 됩니다. 흙이 사라진다는 것은 콤플렉스를 비춰볼 거울마저 없어진다는 말입니다.

태초에 여백이 있었다

Copyright ⓒ 홍순관 2019

1쇄 발행 2019년 11월 22일

지은이   홍순관
펴낸이   김요한
펴낸곳   새물결플러스

편 집   왕희광 정인철 박규준 노재현 한바울
             정혜인 이형일 서종원 나유영 노동래
디자인   윤민주 황진주 박인미 이지윤
마케팅   박성민 이원혁
총 무   김명화 이성순
영 상   최정호 조용석 곽상원
아카데미 차상희

홈페이지 www.holywaveplus.com
이메일   hwpbooks@hwpbooks.com
출판등록 2008년 8월 21일 제2008-24호
주 소   (우) 04118 서울시 마포구 마포대로19길 33
전 화   02) 2652-3161
팩 스   02) 2652-3191

ISBN 979-11-6129-130-7 03230

책값은 뒤표지에 있습니다.

이 도서의 국립중앙도서관 출판예정도서목록(CIP)은 서지정보유통지원시스템
홈페이지(seoji.nl.go.kr)와 국가자료공동목록시스템(nl.go.kr/kolisnet)에
서 이용하실 수 있습니다. CIP2019044788